Je choisis d'aimer, sans me perdre.

Harmonie J.

Introduction

> « Aimer ne devrait jamais vouloir dire s'abandonner. Et pourtant, combien de fois t'es-tu perdue en croyant aimer ? »

Ce livre est né d'un trop-plein.
De ces soirs où tu pleures en silence à côté de quelqu'un qui dit t'aimer.
De ces journées où tu doutes de toi, pas parce que tu n'as pas de valeur, mais parce que tu t'es trop souvent oubliée pour qu'on te garde.

Il est né du besoin de réapprendre à aimer... sans s'effacer.
Tu y trouveras des chapitres comme des confidences,
des blessures mises en mots,
des peurs que tu n'as jamais osé formuler à voix haute,

et surtout : un chemin pour te reconstruire.

Tu y trouveras des phrases que ton cœur attendait peut-être depuis longtemps.
Mais aussi des vérités qui piqueront un peu.

Parce que grandir demande du courage.

Ce livre n'est pas un guide pour séduire.
Ni pour "réussir" son couple.

C'est un espace pour te choisir.
Te retrouver.

T'aimer d'abord, pour mieux aimer ensuite.
Et si tu es ici, c'est que tu es déjà sur ce chemin.

Bienvenue à toi.

> « Aimer, c'est donner. Mais s'aimer, c'est ne plus se quitter. »

Chapitre 1 - Qui suis-je quand j'aime ?

> "Aimer sans se perdre, c'est rester soi, même les yeux pleins d'amour."

L'amour peut être une quête, un miroir de ce que nous sommes au fond de nous. En nous engageant dans une relation, nous avons tendance à nous perdre, à nous oublier au profit de l'autre. Ce chapitre explore l'importance de savoir qui nous sommes avant d'aimer, afin d'éviter de nous effacer. Car aimer ne doit pas signifier disparaître. Il faut d'abord se découvrir soi-même, comprendre ses valeurs, ses désirs, ses limites. Quand on sait qui l'on est, l'amour peut être une union plutôt qu'une fusion, une complémentarité au lieu d'une dilution de soi.

Introduction

Aimer, c'est parfois comme plonger dans l'inconnu. On s'ouvre, on se donne, on s'attache. Mais à quel moment commence-t-on à se diluer dans l'autre ? À quel moment nos "je" deviennent trop silencieux au profit du "nous" ?
Trop souvent, en couple, on oublie de se poser cette question essentielle : Qui suis-je quand j'aime ?

Ce chapitre est une invitation à explorer l'impact de l'amour sur ton identité. À remettre en lumière la personne que tu es, au-delà du rôle de partenaire.

Quand aimer devient se fondre

Tu l'as peut-être déjà vécu : au début, tout semble beau, fluide, passionné. Tu t'adaptes, tu cèdes, tu fais passer l'autre avant. Et petit à petit, tes envies s'effacent, tes besoins deviennent secondaires, ta voix se fait plus discrète.

Ce n'est pas toujours une question de manipulation ou de contrôle. C'est souvent une envie sincère de bien faire, de préserver l'amour, de ne pas froisser, de montrer qu'on tient à l'autre.

Mais à force de compromis, tu ne sais plus ce que tu veux vraiment. Tu ne sais plus ce qui te fait vibrer, ce qui t'anime, ce qui te définit.

Tu es dans la relation, mais tu n'es plus tout à fait toi.

Pourquoi on s'oublie dans l'amour

Il y a plusieurs raisons à cette disparition de soi :

La peur de ne pas être aimée si on montre son vrai visage. Alors on arrondit les angles, on lisse nos défauts, on se conforme.

Le mythe du grand amour sacrificiel. Celui qui dit qu'aimer, c'est tout donner, même ce qui nous coûte.

Des blessures anciennes. L'abandon, le rejet, le manque d'amour conditionnel peuvent nous pousser à croire qu'on doit mériter l'amour, en se modelant à l'autre.

Le manque de repères identitaires. Si tu ne sais pas vraiment qui tu es seule, tu risques de chercher une identité à travers l'autre.

Mais aimer, ce n'est pas se renier. Ce n'est pas se mouler dans un rôle. Aimer, ce devrait être un lieu de liberté, pas de disparition.

Rester soi dans la relation

Alors, comment faire pour aimer sans se perdre ?

1. Se connaître avant d'aimer. Quelles sont tes valeurs ? Tes rêves ? Ce qui te met en colère ? Ce qui te rend vivante ? Plus tu te connais, plus tu pourras poser des limites claires et saines.

2. Observer les déséquilibres.

Est-ce toujours toi qui t'adaptes ? Est-ce que tes besoins comptent autant que ceux de l'autre ? Est-ce que tu fais des choix par peur ou par amour ?

3. Exprimer ta singularité.

Tu n'as pas à être parfaite pour être aimée. Tu n'as pas à cacher tes contradictions, ton intensité, ta vérité. C'est en étant pleinement toi que tu crées un amour réel.

4. Prendre du temps pour toi.
Même en couple, tu as besoin d'espaces rien qu'à toi : des amis, des passions, du silence, des projets personnels. Ces moments nourrissent ton individualité.

Exercice introspectif

Prends un carnet et réponds, sans filtre, aux questions suivantes :

Qui suis-je en dehors de mes relations ?

Qu'est-ce qui me rend unique ?

Qu'est-ce que je faisais quand j'étais pleinement moi, avant cette relation ?

Quels sont mes besoins non négociables dans une relation ?

Ai-je déjà fait des compromis qui m'ont éloignée de moi-même ?

Relis tes réponses. Vois ce qu'elles révèlent. Et engage-toi à revenir à toi, un pas à la fois.

Conclusion

Aimer ne devrait jamais te coûter ton identité.
Aimer ne devrait jamais te faire douter de ta valeur.
Aimer devrait te permettre de t'épanouir, pas de te fondre.

La plus belle preuve d'amour que tu peux offrir à quelqu'un, c'est de rester toi. Car l'amour vrai ne te demande jamais de disparaître. Il te voit. Il te choisit. Il te respecte. Dans ta lumière, dans ta vérité, dans ton entièreté.

Chapitre 2 - L'amour ne doit pas me coûter mon identité

> "Si aimer te demande de t'oublier, ce n'est pas de l'amour. C'est une mise en cage."

Beaucoup d'entre nous, par peur de perdre l'amour, sacrifient une part d'eux-mêmes. Pourtant, un amour sain respecte l'individualité de chacun. Ce chapitre aborde la manière de maintenir son identité dans une relation, de poser des limites claires et d'accepter l'autre dans son unicité, sans chercher à changer ou à être changé. L'amour ne doit pas nous écraser, mais nous élever. L'identité est un socle solide qui permet à l'amour de fleurir sans que l'un de ses membres se sente perdu.

Introduction

Combien de fois as-tu ressenti ce tiraillement entre ce que tu es et ce que tu crois devoir être pour être aimée ?

Combien de fois t'es-tu surprise à étouffer une opinion, à ravaler une colère, à enfouir une envie, juste pour préserver le lien ?

Ce chapitre est une déclaration : tu as le droit d'aimer sans te trahir. Tu as le droit d'être toi, entière, même dans la douceur d'un amour profond.

Quand l'amour devient renoncement

Il commence souvent par de petites choses : changer tes goûts pour qu'ils collent aux siens, renoncer à une sortie pour éviter un conflit, sourire quand tu voudrais hurler. Et sans t'en rendre compte, tu te rétrécis, tu te tais, tu te conformes. Tu deviens la version "aimable", "pratique", "facile à aimer".

Mais que reste-t-il de toi ?
Ta vérité se brouille. Ton énergie s'épuise. Tu portes un masque que tu ne reconnais plus.

Ce n'est pas ça, aimer. L'amour n'est pas une perte de soi.

C'est un partage entre deux êtres entiers, pas un marché où l'on troque son âme pour un peu d'affection.

Pourquoi croit-on devoir s'effacer ?

Par peur de décevoir.

Tu crains que si tu es trop ceci ou pas assez cela, tu ne mérites plus l'amour. Alors tu ajustes, tu contrôles, tu t'effaces.

Parce qu'on t'a appris que l'amour se mérite.

Peut-être as-tu grandi avec l'idée qu'il faut faire ses preuves pour être aimée. Alors tu deviens performante, impeccable, discrète. À force de vouloir être parfaite, tu oublies d'être vraie.

Parce que tu espères que l'autre t'aimera plus si tu te calques sur lui.

Mais l'amour qu'on reçoit quand on n'est pas soi, n'est pas réellement pour nous. Il est pour une version falsifiée de nous-même. Et tôt ou tard, ça craque.

Les signes que tu perds ton identité dans la relation

Tu ne prends plus de décisions sans demander son avis.

Tu t'excuses souvent d'être "trop sensible", "trop intense", "trop toi".

Tu as mis en pause des projets, des amitiés, des passions.

Tu ne reconnais plus la femme que tu es devenue.

Tu dis "oui" quand ton cœur hurle "non".

Ces signes ne sont pas des accusations. Ce sont des réveils. Des portes que ton intuition ouvre doucement pour te dire : revient à toi.

Rétablir ton identité dans l'amour

1. Revalorise ton individualité.

Tu as une histoire, une voix, une énergie qui t'appartient. Ce sont tes trésors. L'amour qui te mérite ne te demandera jamais d'y renoncer.

2. Affirme doucement tes limites.

Ce n'est pas égoïste de dire "je ne veux pas ça". Ce n'est pas violent d'avoir des envies différentes. C'est sain. Et indispensable.

3. Reprends contact avec ce qui te nourrit.

Reconnecte-toi à ce qui te fait vibrer sans lui : ton art, ton cercle, ton espace. Cela te rappellera que tu es une personne entière, pas un simple rôle.

4. Répare la croyance que tu es aimée pour ce que tu fais.
Tu es aimée parce que tu es, pas parce que tu te rends indispensable, utile ou sage.

Exercice introspectif

Prends une feuille. D'un côté, écris :
Ce que j'ai changé de moi pour être aimée.
De l'autre :
Ce que je veux reprendre, retrouver, réhabiliter.

Exemples :

"J'ai arrêté de m'exprimer quand je suis blessée." → "Je veux réapprendre à dire ce que je ressens."

"J'ai mis en pause mes projets de voyage." → "Je veux rêver grand à nouveau, même seule."

Lis cette feuille tous les matins pendant une semaine.
Ancre ce retour à toi comme une priorité, pas une option.

Conclusion

Tu ne devrais pas avoir à te perdre pour être aimée.

L'amour véritable t'élargit, t'enrichit, te libère. Il ne te rabaisse jamais.

Plus tu es toi, plus l'amour devient juste, durable, profond. Car un amour construit sur la vérité est plus fort que mille concessions muettes.

Tu es assez. Tu es valable. Tu mérites un amour où ton identité est précieuse, non négociable, respectée comme une fondation sacrée.

Chapitre 3 - La peur de ne pas être suffisante

> "Je ne suis pas parfaite. Mais je suis assez. Aujourd'hui, c'est ma vérité la plus courageuse."

La peur d'être insuffisante ou de ne pas répondre aux attentes de l'autre peut être dévastatrice. Nous cherchons parfois à nous conformer à des standards qui ne nous ressemblent pas, par peur de ne pas être assez aimés. Ce chapitre explore cette peur, comment elle nous paralyse et comment la surmonter. Se rendre compte que l'on est déjà suffisant tel que l'on est est une étape cruciale pour retrouver la confiance en soi dans une relation amoureuse.

Introduction

C'est une peur sourde. Elle s'insinue entre deux silences, deux gestes, deux mots qu'on interprète trop vite. Et si je n'étais pas assez belle ? Pas assez drôle ? Pas assez brillante ? Pas assez... tout ?
Dans l'amour, cette peur peut devenir un poison invisible, un filtre

déformant. Elle fait de chaque moment un test à passer, de chaque remarque un risque, de chaque dispute une menace de rejet.

Ce chapitre est une main tendue vers toi. Pour te rappeler que tu n'as rien à prouver pour mériter l'amour. Que tu es déjà, ici et maintenant, suffisante.

Le sentiment d'insuffisance : une faille invisible

Cette peur n'est pas toujours consciente. Elle se manifeste subtilement :

Quand tu veux trop bien faire.
Quand tu t'excuses d'exister.

Quand tu ressens le besoin constant d'être validée.

Quand tu compares ton amour à celles qui l'ont précédée.

C'est une faille intérieure, souvent plantée tôt dans l'enfance, nourrie par des remarques, des absences, des attentes impossibles. Et elle grandit avec le temps, jusqu'à devenir une boussole faussée dans tes relations.

Ce que cette peur crée dans l'amour

Quand tu penses ne pas être suffisante, tu entres en mode "survie affective" :

Tu donnes trop.

Tu acceptes trop.

Tu te fais petite.

Tu acceptes des miettes d'amour en croyant que c'est déjà beaucoup.

Tu vis dans l'attente d'être rassurée, validée, reconnue. Et parfois, même quand on t'aime, tu ne peux pas le recevoir. Parce que toi-même, tu ne crois pas le mériter.

<u>D'où vient cette peur ?</u>

1. Des expériences précoces.

Une enfance où l'amour était conditionnel ("si tu es sage, je t'aime"), ou absent, ou instable.

2. Des comparaisons constantes.
Se comparer aux exs de ton partenaire, aux femmes sur les réseaux, à l'idée idéalisée de "la bonne copine".

3. Des blessures relationnelles.

Une trahison, un rejet, une infidélité peuvent te faire croire que c'est toi le problème.

4. Le manque d'ancrage intérieur.
Si tu ne sais pas ce qui te rend unique, tu te perds facilement dans le regard de l'autre.

Sortir du piège de l'insuffisance

1. Nommer la peur.

"J'ai peur de ne pas être suffisante." Dis-le à voix haute. Écris-le. Ressens-le. Ce que tu accueilles perd déjà de son pouvoir sur toi.

2. Remonter à la source.

À quel moment t'es-tu sentie inadéquate pour la première fois ?

Quel regard t'a blessée ? Nommer la racine, c'est commencer à guérir.

3. Arrêter de te définir à travers l'autre.

Tu n'es pas ce que les autres voient de toi. Tu es ce que tu es, même quand personne ne regarde. Même quand personne n'applaudit.

4. Pratiquer l'auto-reconnaissance.

Chaque jour, écris trois choses que tu as faites, pensées ou ressenties avec force, beauté ou douceur. Crée une bibliothèque intérieure de preuves de ta valeur.

5. Ralentir la comparaison.
Tu n'es pas celle d'avant. Tu n'es pas celle d'après. Tu es celle d'aujourd'hui. Et ça suffit.

Exercice introspectif

Complète ces phrases :

"Je me sens insuffisante quand..."

"Dans ces moments-là, j'aimerais me rappeler que..."

"Ma vérité, c'est que je suis..."

"Je choisis de me traiter avec..."

Lis ces phrases à voix haute. Imagine que c'est ta meilleure amie qui les lit. Que lui dirais-tu ? Dis-le-toi maintenant.

Conclusion

Tu n'as pas à être plus pour être aimée.
Tu n'as pas à changer pour mériter ta place.
Tu es déjà complète, même avec tes blessures, tes doutes, ton chaos doux.

L'amour le plus solide commence par toi.
Quand tu te choisis, quand tu te valides, quand tu te regardes avec bienveillance, les autres n'ont plus le pouvoir de te définir.

Tu es suffisante. Et tu l'as toujours été.

Chapitre 4 – Marcher sur des œufs pour garder l'amour

> "Quand aimer devient une peur constante de mal faire, ce n'est plus de l'amour. C'est de la survie émotionnelle."

Introduction

Tu es là, en couple, en apparence "aimée", mais à l'intérieur... tu avances sur une ligne fine. Chaque mot est pesé. Chaque silence devient lourd. Chaque conflit potentiel est désamorcé avant même d'exister.
Tu marches sur des œufs.

Tu fais attention à ne pas être trop sensible, trop exigeante, trop présente. Tu as peur de déranger, de blesser, de "faire trop".
Et à force d'anticiper, de contrôler, de faire attention, tu t'oublies.
Tu t'épuises.

Dans ce chapitre, on explore ce climat affectif qui semble stable, mais qui t'étrangle doucement. Ce n'est pas parce qu'on évite les disputes qu'on construit une paix. Et ce n'est pas à toi seule de porter le poids d'une relation.

Quand la peur prend la place de la sécurité

"Est-ce qu'il va mal le prendre ?"

"Je ne peux pas lui parler de ça maintenant."

"Je préfère me taire plutôt que d'envenimer la situation."

Ces pensées deviennent ton quotidien. Tu n'es plus libre d'exister pleinement dans la relation. Tu vis dans la crainte de mal faire, de provoquer un malaise, d'être trop.

Et tu crois, parfois, que c'est normal. Que c'est ça, l'amour : s'adapter. Mais il y a une différence entre compromis et effacement. Et toi, tu t'éteins à petit feu.

<u>Pourquoi accepte-t-on de marcher sur des œufs ?</u>

1. La peur de perdre.

Tu préfères t'abîmer que le perdre. Tu t'adaptes, tu contrôles, tu absorbes. Parce que l'abandon te semble pire que l'étouffement.

2. Des schémas relationnels anciens.

Si tu as grandi dans un environnement instable ou conflictuel, tu as appris à éviter les vagues, à lisser les tensions.

3. Une relation déséquilibrée.

Tu es peut-être face à quelqu'un d'imprévisible, autoritaire ou qui te fait sentir responsable de ses émotions. Dans ce cas, ce n'est pas de l'amour, c'est une forme de domination affective.

4. Tu veux "sauver" l'autre.

Tu prends tout sur toi. Tu penses que si tu es douce, calme, parfaite, tu vas l'aider à s'ouvrir, à être meilleur. Mais ce n'est pas ton rôle.

Les conséquences invisibles

Tu doutes constamment de toi.

Tu développes de l'anxiété ou des troubles physiques (fatigue chronique, douleurs, troubles du sommeil).

Tu perds ta spontanéité, ta joie, ton naturel.

Tu te sens seule, même à deux.

Tu deviens l'ombre de toi-même.

Et pourtant, tu restes. Parce que tu espères que l'amour suffira. Mais l'amour ne suffit pas, s'il n'est pas réciproque, sécurisé et libre.

Reprendre ton espace émotionnel

1. Reconnaître la peur.

Pose-toi cette question : est-ce que je suis en sécurité pour être moi-même dans cette relation ?

2. Exprimer une vérité à la fois. Commence petit. Dis ce que tu ressens. Sans t'excuser. Sans minimiser.

3. Arrêter de porter la relation à bout de bras.

L'équilibre, c'est deux. Si tu es seule à éviter les conflits, à t'adapter, alors ce n'est pas équilibré.

4. Réévaluer ta liberté.

Est-ce que tu peux respirer dans cette relation ? Est-ce que tu peux dire "non" ? Te retirer ? Poser des limites ? Si la réponse est "non", tu es en train de survivre, pas d'aimer.

5. Te reconnecter à ton pouvoir intérieur.

Tu n'as pas à tout supporter pour être aimée. Tu as le droit de dire stop. Tu as le droit de partir.

<u>Exercice introspectif</u>

Complète les phrases suivantes :

"Je me retiens de dire..."

"Je me sens obligée de..."

"Quand je suis avec lui, j'ai peur de..."

"Ce que j'aimerais dire si je n'avais pas peur..."

Lis-les à voix haute. Puis choisis une phrase. Et ose la dire — à toi d'abord, puis peut-être à lui. Ce n'est pas grave si tu trembles. Ce n'est pas grave si c'est maladroit. Ce qui compte, c'est que tu recommences à exister.

Conclusion

L'amour ne devrait pas t'imposer la prudence constante.

Tu mérites un espace où ta voix ne tremble pas, où ton "non" est respecté, où tes émotions sont entendues.

Marcher sur des œufs, c'est nier ton droit fondamental d'exister librement.

Tu ne peux pas te construire dans la peur.

Alors, petit à petit, choisis-toi. Même si ça déstabilise. Même si ça dérange. Même si ça change tout.

Parce que c'est le seul chemin vers un amour vrai. Un amour où tu peux poser les pieds, sans te blesser.

Chapitre 5 – Se sentir banale et remplaçable

> "Et si je n'étais qu'un passage, une transition, un écho de celles d'avant ?"

Introduction

Tu regardes son passé, tu penses à celles qui sont venues avant toi. Et puis parfois, tu regardes l'avenir, et tu te demandes s'il y en aura d'autres, après toi.
Et là, une angoisse monte. Pas celle de la jalousie ordinaire, mais celle de l'effacement :
Et si je n'étais qu'une parmi d'autres ?
Et si je n'étais pas inoubliable ?
Et si je n'étais pas "celle qui compte vraiment" ?

Tu sens que tu donnes, que tu aimes, que tu t'investis. Mais en retour, tu ne sais pas si tu es vue pour qui tu es. Tu te demandes si tu n'es pas aimée de la même manière que les autres, avec la même intensité, les mêmes mots recyclés, les mêmes gestes.

Et ce doute ronge. Parce qu'il vient heurter un besoin fondamental : celui d'être unique dans les yeux de l'autre.

Quand l'amour devient une comparaison silencieuse

Il ne t'a peut-être jamais dit "tu es comme les autres". Mais il n'a pas non plus dit que tu étais différente. Alors tu cherches des indices. Dans sa manière de parler d'avant. Dans ses souvenirs, ses réactions, ses silences.

Tu te mets à analyser :

Comment il te regarde.

Comment il t'écrit.

Comment il te touche.

Comment il parlait d'elles.

Et tu finis par croire que tu pourrais être remplacée. Qu'il pourrait continuer sans toi, comme il a continué sans elles.

L'impact invisible de ce sentiment

Quand tu ne te sens pas unique :

Tu deviens ultra vigilante.

Tu cherches à te rendre indispensable.

Tu doutes de tout : de ses mots, de son amour, de ton importance.

Tu t'efforces d'être "parfaite" pour qu'il te garde.

Tu ressens une instabilité intérieure, même quand tout semble aller bien.

Et surtout, tu perds de vue ton propre éclat. Car tu passes plus de temps à te comparer qu'à te reconnaître.

Ce que cela révèle vraiment

Se sentir remplaçable, ce n'est pas juste une insécurité affective. C'est une blessure plus ancienne, plus profonde :

1. Le besoin d'unicité.

On veut tous être "la préférée", "la seule", "celle qui a compté plus que les autres". Pas par égo, mais par soif d'exister pleinement dans le cœur de quelqu'un.

2. Un manque de validation personnelle.

Si tu ne reconnais pas ta propre valeur, tu cherches dans le regard de l'autre la preuve que tu comptes. Et ce regard devient alors une menace constante.

3. La peur de l'impermanence.

Derrière cette peur se cache l'angoisse de la fin. Car si tu es remplaçable, alors tu peux être quittée. Oubliée. Éclipsée.

Et si tu étais irremplaçable... mais que tu ne le voyais pas ?

Tu n'as pas besoin d'être la meilleure, ni plus que les autres. Tu es toi. Et ça suffit.

Il ne s'agit pas de compétition. L'amour vrai ne se compare pas, il se vit.
Ce que tu es, ce que tu offres, la façon unique dont tu aimes... personne ne peut le copier.

Mais encore faut-il que toi, tu le reconnaisses.

Revenir à toi : retrouver ton unicité

1. Revis ton histoire d'amour avec toi-même.

Rappelle-toi ce qui te rend différente, ce que tu apportes dans une relation, ce que tu fais naître chez l'autre. Tu es un monde à toi seule.

2. Arrête de te mettre en compétition avec le passé.

Les femmes d'avant ne te diminuent pas. Elles ont existé. Elles ont eu leur place. Mais aujourd'hui, c'est toi. Et demain ne te vole rien, si aujourd'hui tu es pleinement là.

3. Demande-toi : suis-je choisie ?

Pas juste tolérée. Pas juste là "en attendant mieux". Suis-je réellement choisie, ici et maintenant ? Et si la réponse est floue ou douloureuse... alors peut-être que ce n'est pas toi le problème.

4. Affirme ta présence.
Tu as le droit de vouloir compter. D'être vue. D'être aimée comme une évidence, pas comme une option.

Exercice introspectif

Écris une lettre à toi-même, qui commence par :

"Je ne suis pas banale, parce que..."

"Ce que j'apporte, c'est..."

"Je mérite d'être aimée comme si j'étais la seule, parce que..."

"Je choisis de me sentir irremplaçable, même si..."

Relis cette lettre chaque fois que la peur revient. Et souviens-toi : celle qui reste dans la mémoire, ce n'est pas celle qui crie le plus fort, c'est celle qui a été pleinement elle-même.

Conclusion

Tu n'es pas une copie.
Tu n'es pas une transition.
Tu es une histoire en elle-même.

Et celui qui ne voit pas ton unicité, ce n'est pas parce que tu es banale. C'est peut-être juste qu'il regarde avec des yeux fermés.

Ne laisse jamais quelqu'un te faire croire que tu es facilement remplaçable.

L'amour vrai ne se répète pas. Il se réinvente à chaque rencontre. Et toi, tu es cette rencontre qu'on n'oublie pas.

Chapitre 6 – Aimer l'autre sans se perdre soi-même

> "Ce n'est pas l'amour qui fait mal, c'est l'oubli de soi au nom de l'amour."

Introduction

Tu es tombée amoureuse. Tu t'es donnée, sans compter. Tu t'es adaptée, modifiée, parfois même déformée.

Et un jour, sans t'en rendre compte, tu ne savais plus vraiment qui tu étais.

Tu étais devenue "sa copine", "celle qui aime", "celle qui comprend", "celle qui pardonne"…

Mais toi ? Ta voix, tes désirs, tes limites ? Où sont-ils passés ?

On ne te l'a jamais appris, mais l'amour, le vrai, n'exige pas ton effacement. Aimer, ce n'est pas t'abandonner. C'est te rencontrer dans le lien, pas t'y perdre.

Pourquoi on se perd dans l'amour

1. La peur de ne pas être suffisante. Alors tu en fais plus. Tu donnes tout. Tu oublies tes besoins pour combler les siens.

2. Le fantasme de la fusion.

Tu veux "ne faire qu'un". Mais la fusion tue l'individualité. Et sans deux personnes entières, il n'y a pas de couple solide.

3. Le besoin d'être aimée à tout prix. Tu préfères être aimée pour une version lisse de toi que rejetée pour ton vrai "toi". Alors tu t'adaptes... et tu disparais.

4. Des modèles relationnels déséquilibrés.

Peut-être que tu as appris que l'amour, c'est se sacrifier. Que l'amour, ça fait mal. Que l'amour, c'est mériter.

Les signes que tu te perds dans la relation

Tu dis rarement "non", même quand tu en meurs d'envie.

Tu fais passer ses besoins avant les tiens systématiquement.

Tu abandonnes tes projets, tes passions, tes amitiés.

Tu ne sais plus ce que tu veux en dehors du couple.

Tu te sens vide quand il n'est pas là.

Tu as peur de poser des limites.

Et à force, tu n'es plus aimée pour qui tu es, mais pour qui tu es devenue pour lui.

Rétablir l'équilibre : l'amour n'exige pas l'effacement

Tu as le droit :

D'exister pleinement, même en couple.

De dire "non".

De poser des limites.

D'avoir des rêves indépendants.

De vouloir être aimée sans avoir à te transformer.

Aimer, c'est rester connectée à soi, tout en s'ouvrant à l'autre. C'est danser à deux sans se piétiner.

Ce que tu gagnes en ne te perdant plus

Du respect.

Une relation plus saine, plus vraie.

Une estime de soi plus stable.

Une clarté émotionnelle.

La liberté d'aimer… sans t'oublier.

Parce que tu n'as pas été créée pour fondre dans l'autre. Tu as été créée pour rayonner à ses côtés.

Comment s'aimer sans se perdre

1. Reviens à tes repères. Qu'est-ce que tu aimes ? Qu'est-ce qui t'anime ? Qu'est-ce que tu veux

vraiment ? Écris-les. Redécouvre-toi.

2. Pose tes limites.

Ce n'est pas égoïste de dire "je ne veux pas ça", "je ne peux pas ça", "je ne suis pas à l'aise". C'est une forme d'amour... envers toi.

3. Pratique l'indépendance émotionnelle.

Il n'est pas responsable de ton bonheur. Et tu n'es pas responsable du sien. Vous êtes deux, côte à côte, pas collés l'un à l'autre.

4. Garde tes espaces à toi.
Un couple ne doit pas tout partager. Tu as le droit d'avoir ton jardin secret, tes moments seule, tes passions, tes amis.

Exercice introspectif

Complète les phrases suivantes :

"Ce que j'ai arrêté de faire par amour, c'est..."

"Ce que j'aimerais recommencer à faire pour moi, c'est..."

"Ce que je n'ose pas dire mais que je ressens profondément, c'est..."

"Je choisis de me remettre au centre, parce que..."

Puis demande-toi :

Comment puis-je m'aimer plus... sans l'aimer moins ?

Conclusion

Aimer, ce n'est pas se diminuer pour que l'autre se sente grand.

Ce n'est pas se taire pour préserver une paix artificielle.
Ce n'est pas s'éloigner de soi-même pour se rapprocher de lui.

C'est oser être toi, pleinement, et voir si l'autre reste.
C'est ne plus avoir peur d'être "trop".
C'est croire qu'un amour vrai commence quand tu n'as plus besoin de te tordre pour être aimée.

Chapitre 7 – Le besoin de contrôle dans les relations : une illusion de sécurité

> "Quand on a peur de perdre, on serre plus fort. Mais l'amour, lui, ne pousse que dans l'espace et la confiance."

Introduction

Tu veux savoir. Comprendre. Anticiper. Tu analyses le moindre silence, tu devines ses intentions, tu cherches des signes. Tu veux être rassurée – pas un peu, tout le temps.

Tu veux éviter la douleur. Prévenir la trahison. Contrôler ce qui pourrait te faire mal.

Et petit à petit, sans t'en rendre compte, tu n'aimes plus vraiment... tu surveilles.

Mais derrière ce besoin de contrôle, ce n'est pas de la possessivité : c'est une immense peur. Une peur d'être abandonnée, trompée, oubliée. Une peur de revivre une blessure que tu n'as pas digérée.

Ce que le contrôle cherche à couvrir

1. La peur de l'inattendu.

Si je contrôle, rien ne me surprendra. Mais l'amour, par essence, est imprévisible.

2. Le manque de confiance (en soi ou en l'autre).

Si je ne crois pas que je mérite d'être aimée, je m'attends à ce qu'on parte. Alors je me tiens prête.

3. Des expériences douloureuses non digérées.

Trahison, abandon, humiliation... Ton cerveau veut éviter de revivre ça.

Alors il anticipe. Il encadre. Il serre.

4. Un besoin d'apaisement émotionnel.

Le contrôle donne l'illusion de calme. Il te fait croire que tu as "la main" sur la situation.

Mais en réalité... tu te piéges toi-même

Car vouloir tout contrôler :

Te coupe de la spontanéité du lien.

T'épuise émotionnellement.

Crée une distance avec l'autre (qui finit par se sentir étouffé).

Te met dans une position de vigilance constante.

Te pousse à surinterpréter, à douter, à accuser parfois.

Et finalement... tu renforces ce que tu voulais éviter : la perte de la connexion.

Le paradoxe du contrôle

Plus tu cherches à contrôler, moins tu te sens en sécurité.

Parce que le vrai sentiment de sécurité ne vient pas de maîtriser l'extérieur... mais de te sentir solide à l'intérieur.

Comment lâcher prise sans se mettre en danger

1. Remets-toi au centre.

Est-ce que tu veux être avec quelqu'un... ou juste éviter d'être seule ? Quand tu te choisis, tu as moins besoin de contrôler.

2. Accepte l'incertitude.

Tu ne peux pas garantir que quelqu'un reste. Mais tu peux te promettre de rester fidèle à toi-même, quoi qu'il arrive.

3. Transforme la peur en curiosité.

Au lieu de te demander "Qu'est-ce qu'il me cache ?", demande-toi "Qu'est-ce que je ressens, moi, là tout de suite ?"

4. Fais confiance à ton intuition, pas à ta peur.

La peur cherche des preuves. L'intuition sent ce qui est juste. Apprends à faire la différence.

5. Crée un espace de dialogue sain.

Tu as le droit de poser des questions, d'exprimer tes doutes. Mais sans accusation, sans enquête. Juste avec authenticité.

Exercice introspectif

Complète ces phrases :

"Quand je cherche à tout contrôler, je ressens..."

"La peur derrière ce besoin, c'est..."

"Ce que j'aimerais à la place, c'est..."

"Je choisis de faire confiance à..."
(moi, l'autre, la vie...)

Puis écris une lettre (que tu ne donneras pas) à ton besoin de contrôle. Remercie-le de t'avoir protégée jusque-là. Dis-lui que tu peux désormais te choisir autrement.

Conclusion

Contrôler, ce n'est pas aimer. C'est se défendre.

Et à force de vouloir tout maîtriser, tu passes à côté de la beauté de l'amour : son mystère, sa liberté, sa fragilité.
Ce n'est pas facile de faire confiance.
Mais c'est la seule manière d'aimer vraiment.

Laisse l'autre être.
Laisse-toi vivre.
Et rappelle-toi que tu n'as pas besoin de contrôle...
... quand tu te sens en sécurité en toi.

Chapitre 8 - La dépendance affective : quand l'amour devient survie

> "Ce n'était pas de l'amour... c'était un cri de manque."

Introduction

Tu disais que tu l'aimais. Mais en réalité, tu avais besoin de lui.

Besoin de sa présence pour te sentir exister. Besoin de ses messages pour te rassurer. Besoin de son regard pour te sentir digne.
Sans lui, tout s'effondrait.

Ce n'était pas de l'amour libre.
C'était une corde autour du cou. Une urgence dans le cœur. Une peur constante.

Tu n'étais pas amoureuse.

Tu étais en dépendance.

Qu'est-ce que la dépendance affective ?

C'est un état dans lequel :

Tu vis à travers l'autre.

Tu ressens un vide insupportable quand il n'est pas là.

Tu acceptes l'inacceptable par peur de perdre.

Tu confonds "être aimée" avec "être choisie".

Tu oublies ton propre bonheur pour maintenir le lien.

La dépendance affective, ce n'est pas aimer trop.
C'est ne pas suffire à soi-même.

Les racines de la dépendance affective

1. Manques affectifs dans l'enfance.
Tu n'as peut-être pas reçu l'amour inconditionnel dont tu avais besoin. Tu as appris que ton amour devait être mérité.

2. Faible estime de soi.
Tu ne crois pas que tu es aimable juste pour ce que tu es. Alors tu te

perds dans les autres pour trouver ta valeur.

3. Croyances inconscientes.
"Sans amour, je ne vaux rien."
"Si je suis seule, c'est que je suis nulle."
"Je dois faire des efforts pour être digne d'être aimée."

4. Peur panique de l'abandon.

L'idée de perdre l'autre active une angoisse profonde, presque physique. Tu es prête à tout pour éviter ça.

Les signes de la dépendance affective

Tu ressens de l'angoisse quand il ne répond pas vite.

Tu restes dans des relations toxiques par peur d'être seule.

Tu t'adaptes constamment pour plaire.

Tu donnes beaucoup, trop, en espérant être aimée en retour.

Tu as du mal à te concentrer sur ta propre vie.

Tu confonds ton bonheur avec sa présence.

Pourquoi ce n'est pas de l'amour

Parce que l'amour vrai :

Respecte l'indépendance.

N'exige pas de sacrifices constants.

Laisse respirer.

Ne fait pas mal tous les jours.

La dépendance affective n'est pas une preuve d'amour...
C'est une alerte intérieure.

Le chemin de guérison

1. Reconnaître le manque.
Tu ne guéris pas ce que tu nies. Accepte que tu t'es oubliée dans cette relation.

2. Te recentrer sur toi.

Qui es-tu sans lui ? Quels sont tes besoins, tes désirs, tes passions ? Réapprends à t'écouter.

3. Travailler ton estime de toi.
Tu n'as pas besoin d'être choisie pour être précieuse. Tu l'es déjà. Commence à le croire.

4. Poser des limites.

Même si c'est inconfortable. Même si tu as peur qu'il parte. Parce que ta paix intérieure vaut plus que l'illusion d'un lien.

5. Chercher un équilibre affectif.
L'amour, ce n'est pas tout donner. C'est aussi recevoir. Et surtout... se nourrir soi-même.

Exercice introspectif

Complète ces phrases :

"Sans lui, j'ai peur de..."

"Je m'oublie quand je..."

"J'aimerais commencer à me choisir en..."

"Je mérite une relation où..."

"Je suis en train d'apprendre que je vaux..."

Écris ensuite une lettre à toi-même, comme si tu parlais à ton enfant intérieur. Dis-lui qu'il n'a plus besoin de mendier l'amour. Qu'il le mérite. Qu'il est assez.

Conclusion

Tu as aimé avec tout ton cœur. Mais parfois, ce n'était pas de l'amour...

c'était une tentative de combler un vide.
Et ce vide, seule toi peux le remplir.

Tu n'as pas besoin d'être dépendante pour être aimée.
Tu n'as pas besoin de souffrir pour mériter.
Tu n'as pas besoin d'un autre pour te sentir vivante.

Tu es complète. Même seule.
Et plus tu l'intègreras, plus tu attireras un amour libre, sain, et vrai.

Chapitre 9 – Je ne me sens jamais "assez"

> "Pas assez belle. Pas assez intéressante. Pas assez désirable. Pas assez pour qu'on reste, pour qu'on m'aime, pour qu'on me choisisse. Juste... pas assez."

Introduction

Combien de fois t'es-tu dit que tu n'étais pas assez ?

Pas assez drôle, pas assez cultivée, pas assez fine, pas assez spéciale…

Combien de fois t'es-tu sentie "en dessous" des autres femmes ? Moins bien que ses ex ? Moins bien que ce qu'il pourrait avoir ?

Combien de fois as-tu cru que s'il ne t'aimait pas "comme tu voulais", c'est parce que toi, tu étais insuffisante ?

Ce sentiment d'être "pas assez" n'est pas qu'un complexe. C'est un poison. Lent. Silencieux. Mais ravageur.

<u>D'où vient cette sensation ?</u>

1. Des comparaisons constantes.

Tu compares ton corps, ta vie, ton intelligence, ta douceur... à ce que tu imagines que l'autre attend. À ce que tu crois que ses ex étaient. À ce que tu n'as pas.

2. D'un manque d'amour de soi.
Quand tu n'as pas appris à t'aimer inconditionnellement, tu te jauges à travers les yeux de l'autre. Et souvent, tu te trouves en défaut.

3. D'expériences passées.

Une rupture, une infidélité, des paroles blessantes ("t'es trop", "pas assez ci", "j'ai connu mieux")... ont laissé des cicatrices qui te font douter de ta valeur.

4. Du besoin d'être "la dernière, la meilleure, l'unique".

Tu veux marquer, laisser une empreinte, être celle qu'on ne quitte pas. Sinon, tu te sens remplaçable.

Les effets invisibles de cette croyance

Tu acceptes des miettes d'attention, pensant ne pas mériter plus.

Tu te sur-adaptes pour plaire.

Tu vis dans la peur de l'abandon.

Tu doutes même quand tout va bien.

Tu es jalouse, méfiante, sur la défensive.

Tu t'effaces pour ne pas déranger.

La vérité que tu as besoin d'entendre

Tu n'as pas besoin d'être "plus" pour être aimée.

Tu n'as pas besoin d'être parfaite pour être précieuse.

Tu n'as pas besoin d'être la plus belle, la plus drôle, la plus exceptionnelle... pour mériter un amour profond, sincère, fidèle.

Ce n'est pas ta valeur qui est en cause.

C'est ton regard sur toi.

Tu es déjà assez. Et tu l'as toujours été.

Il ne s'agit pas de devenir quelqu'un d'autre.
Il s'agit de te retrouver. De t'accueillir.
Avec ton histoire. Tes doutes. Ta lumière.

Tu n'as pas à convaincre qui que ce soit de t'aimer.

Celui qui verra ta beauté sans que tu aies à la prouver...
C'est celui qui te méritera.

Exercice introspectif

Écris une lettre à ton "pas assez" :

Que veut-il te dire ?

Depuis quand est-il là ?

À quoi t'a-t-il protégé ou empêché ?

Et si tu ne devais plus prouver quoi que ce soit ?

Puis, note chaque jour pendant une semaine :

"Aujourd'hui, je suis assez parce que..."

Et force-toi à trouver une réponse différente chaque jour.

Conclusion

Tu es unique. Tu es digne. Tu es complète.

Tu ne seras pas la bonne pour tout le monde, mais tu es suffisante pour le bon.

Et surtout... tu es assez pour toi. Là, maintenant. Même si tu doutes. Même si tu pleures. Même si tu guéris encore.

Arrête de courir après l'amour des autres pour fuir l'amour que tu ne te donnes pas.

Tu n'as pas besoin de devenir "plus".

Tu as juste besoin de te rappeler que tu es déjà.

Chapitre 10 – Quand je me transforme pour qu'on m'aime

> *"Je ris un peu plus fort, je parle un peu moins, je dis oui alors que je pense non. Tout ça pour ne pas déranger. Tout ça pour qu'on reste."*

Introduction

Peut-être que tu t'es déjà surprise à dire "ça va" alors que ça n'allait pas.

À rire à une blague que tu n'as pas trouvée drôle.

À accepter des choses qui te faisaient mal, mais que tu as laissées passer pour ne pas faire fuir l'autre.

Peut-être que tu as étouffé des envies, des colères, des intuitions.

Juste pour être aimée.

Ce que tu ne voyais pas, c'est qu'à chaque fois que tu t'effaçais, ce n'est pas toi qu'on aimait.
C'est le rôle que tu jouais.

Pourquoi on se transforme ?

1. La peur de ne pas être aimée comme on est.

Tu penses que si tu montrais tout de toi — ta sensibilité, ton intensité, ton opinion — il te rejetterait.

Alors tu filtres. Tu te lisses. Tu deviens "la version acceptable de toi-même".

2. Le besoin d'être validée.

Tu veux qu'on t'aime, qu'on t'admire, qu'on te choisisse. Alors tu deviens ce que tu crois qu'il attend.

3. Un passé où tu as dû t'adapter. Peut-être qu'enfant, tu as appris à mériter l'amour. À être sage, douce, brillante... pour avoir un peu d'attention. Tu rejoues ce scénario.

<u>Les conséquences invisibles</u>

Tu te perds de vue.

Tu t'épuises à maintenir une image.

Tu es en insécurité constante (parce que l'amour reçu ne nourrit pas vraiment ton vrai toi).

Tu ressens de la colère ou de la tristesse sans savoir d'où elle vient.

Tu as du mal à être authentique, même avec toi-même.

<u>*Ce n'est pas de l'amour si tu dois te travestir pour le garder*</u>

L'amour vrai commence là où tu peux :

dire non sans être punie,

être vulnérable sans être jugée,

exister sans devoir séduire en permanence.

Celui qui t'aime vraiment n'a pas besoin que tu sois parfaite.

Il a besoin que tu sois toi.

Se reconnecter à soi

1. Fais la liste des choses que tu caches.

Ce que tu ne dis pas. Ce que tu n'oses pas montrer. Ce que tu minimises.

2. Identifie les moments où tu t'adaptes.

Note les contextes, les personnes, les émotions. Tu verras un schéma.

3. Commence à t'exprimer petit à petit.

Dis ce que tu aimes, ce que tu penses, même si c'est maladroit. C'est par là que ta voix revient.

4. Entoure-toi de personnes avec qui tu peux être entière.

Ta vraie lumière mérite un entourage qui ne l'éteint pas.

Exercice introspectif

Complète ces phrases :

"Je fais semblant de..."

"Je n'ose pas dire..."

"J'aimerais pouvoir..."

"Quand je suis vraie, je me sens..."
Et surtout :
"Je mérite un amour où je peux..."
(Réponds avec le cœur.)

Conclusion

Tu ne peux pas construire une relation solide sur un personnage.

Tu ne peux pas être pleinement aimée si tu ne te montres jamais complètement.
Tu ne peux pas être libre si tu vis dans la peur de décevoir.

Tu n'es pas née pour plaire.
Tu es née pour être.
Et plus tu t'autorises à être toi, plus tu crées de l'espace pour un amour sincère et entier.

Tu n'as rien à prouver. Tu as juste à te retrouver.

Chapitre 11 – Quand je me compare à ses ex

> "Elle était plus belle, plus mince, plus sexy. Elle, il l'a demandée en mariage. Elle, il l'a présentée à ses parents rapidement. Elle, il avait l'air de l'aimer différemment."

Introduction

Te voilà, à fouiller ses photos, à chercher des bribes de souvenirs d'avant toi. Tu regardes ses ex avec une étrange obsession. Pas par curiosité, mais pour mesurer ta place.

Pour voir si tu fais "mieux", si tu comptes "autant".

Et tu te perds dans cette comparaison douloureuse.

Parce qu'au fond de toi, une petite voix dit : "Tu n'es qu'un passage.

Une version parmi d'autres. Pas l'exception."

Pourquoi on se compare ?

1. Parce qu'on doute de notre unicité. On pense que l'amour est une échelle. Qu'il a aimé plus, mieux, différemment une autre. Et que ce qu'on vit aujourd'hui est forcément en deçà.

2. Parce qu'on cherche des preuves qu'on compte.

Tu veux des signes : il ne l'a jamais emmenée là, il ne lui a jamais dit ça. Comme pour te rassurer que toi, tu es spéciale.

3. Parce qu'on a peur de ne pas être "la dernière".

La dernière, c'est celle qu'on épouse, celle avec qui on construit. Et si tu n'étais qu'une autre étape ? Une autre histoire "en attendant" ?

Mais la vérité, c'est que tu n'es pas comparable

L'amour n'est pas un concours. Ce qu'il a vécu avec elles appartient au passé. Ce qu'il vit avec toi, c'est une nouvelle réalité.

Ce n'est pas parce qu'il a aimé avant qu'il aime moins maintenant.

Ce n'est pas parce qu'il a dit "je t'aime" à une autre que ces mots sont vides avec toi.

Tu ne peux pas être l'ex de quelqu'un d'autre. Mais tu peux être la bonne pour lui aujourd'hui.

Les dangers de la comparaison

Tu t'effaces pour ressembler à ce qu'il a aimé avant.

Tu doutes de chaque geste d'affection.

Tu remets en question ton apparence, ta personnalité.

Tu nourris de la jalousie, de l'insécurité, de la frustration.

Tu gâches l'instant présent à force de vivre dans le passé… qui ne t'appartient même pas.

Changer de perspective

Et si tu étais la relation qui le répare ?

Et si tu étais celle avec qui il évolue, se pose, construit ?

Et si son passé l'avait juste préparé à pouvoir t'aimer toi, maintenant ?

Il a aimé avant, oui. Et alors ?

Toi aussi, tu as eu des histoires.

Mais aujourd'hui, c'est toi qu'il choisit. Chaque jour.

Tu es unique, même s'il a aimé d'autres femmes

Aucune autre n'a ton rire.

Aucune autre n'a ta façon de l'écouter, de vibrer, de penser.

Aucune autre ne partage les mêmes instants avec lui maintenant.

Et c'est ça, le vrai amour : ce qui est construit dans le présent, pas ce qui a été vécu ailleurs.

Exercice introspectif

1. Note trois choses que tu crois que ses ex avaient "en plus".
Puis, à côté, écris ce que toi tu apportes d'unique, de différent, de précieux.

2. Écris cette phrase :

"Je n'ai pas besoin d'être mieux qu'elle, je choisis d'être pleinement moi."

Et répète-la chaque fois que le doute revient.

3. Demande-toi :

Est-ce que je veux être aimée pour ce que je suis vraiment ou pour un rôle qui me place "au-dessus" des autres ?

Est-ce que je veux un amour en compétition, ou un amour en connexion ?

Conclusion

Ses ex font partie de son passé.
Toi, tu fais partie de son présent.
Peut-être même de son avenir.
Ne laisse pas le fantôme de ce qui a été voler la lumière de ce que tu vis.
Tu n'as pas besoin d'être "mieux".
Tu as juste besoin d'être toi.
Et si ça ne suffit pas... ce n'est pas toi le problème, c'est lui qui ne sait pas reconnaître ce qu'il a.

Chapitre 12 – Quand j'attends qu'il me prouve que je vaux la peine

> "S'il m'aimait vraiment, il me le montrerait. Il m'écrirait plus. Il m'écouterait mieux. Il s'engagerait. Il ferait ce petit geste qui prouve enfin que je mérite d'être choisie."

Introduction

Tu attends.

Tu attends qu'il dise la phrase qui effacera tes doutes.

Tu attends qu'il t'aime fort, assez fort pour que tu puisses, enfin, t'aimer un peu aussi.

Tu attends des preuves d'amour comme on attend une permission d'exister.

Et à force, tu confonds l'amour avec la validation.

Mais... que se passe-t-il quand cette preuve ne vient pas ?

Quand il ne devine pas ce que tu veux ?

Quand il t'aime à sa manière — et pas comme toi, tu as besoin d'être rassurée ?

Tu te dis que tu ne vaux pas assez.

Et c'est là que tu t'abandonnes.

<u>Pourquoi on cherche la preuve ?</u>

1. Parce qu'on doute de notre propre valeur.

Si tu savais, profondément, que tu es digne d'être aimée, tu n'aurais pas besoin qu'on te le prouve à chaque instant.

2. Parce qu'on a appris que l'amour se mérite.
Peut-être qu'on t'a appris qu'il fallait faire beaucoup pour recevoir un peu. Alors tu attends, tu testes, tu espères.

3. Parce que le silence et l'incertitude réveillent de vieilles blessures.

L'abandon. Le rejet. L'humiliation. L'indifférence. Tout ça refait surface dès que l'autre n'est pas là comme tu l'espérais.

<u>Mais l'amour ne guérit pas le manque d'amour de soi</u>

Même s'il t'aime de tout son cœur, il ne pourra jamais remplir les vides que tu refuses de regarder.

Ce n'est pas à lui de prouver que tu es aimable.

C'est à toi de le croire, même en son absence.

Sinon, chaque oubli, chaque distance, chaque silence deviendra un poison.

Les pièges de l'attente

Tu deviens dépendante de son comportement.

Tu lis entre les lignes. Tu interprètes tout.

Tu testes son amour : "Si je me tais, est-ce qu'il revient ?"

Tu es dans l'angoisse permanente de ne pas être suffisante.

Et pendant ce temps-là... tu ne t'aimes toujours pas plus.

Changer de posture : De l'attente à l'ancrage

Et si tu arrêtais d'attendre qu'il te choisisse ?

Et si, pour une fois, tu te choisissais toi ?

Quand tu t'ancreras dans ta valeur, tu n'attendras plus qu'on te la valide. Tu n'auras plus besoin de signes extérieurs pour ressentir ce que tu portes déjà à l'intérieur.

Et tu attireras des gestes d'amour... non plus comme des preuves, mais comme des reflets.

<u>**Exercice introspectif**</u>

1. Termine ces phrases sans réfléchir :

"Je crois que je ne mérite pas l'amour quand..."

"J'attends de lui qu'il..."

"Ce que j'ai besoin de me dire à moi-même, c'est..."

2. Visualise une version de toi qui sait qu'elle vaut la peine.

Que ferait-elle différemment ? Que ne tolérerait-elle plus ? Quelles preuves n'attendrait-elle plus ?

3. Affirme :

"Je suis une femme complète. Je mérite l'amour, même dans le silence, même sans preuve. Je me reconnais et je me choisis."

Conclusion

Tu n'as pas besoin d'être aimée pour avoir de la valeur.
Tu as de la valeur, même quand personne ne te regarde.
Tu vaux la peine d'être choisie...
Mais surtout, tu vaux la peine d'être choisie par toi-même, chaque jour.

Et c'est ce choix-là qui changera tout.

Chapitre 13 – Quand je me fais toute petite pour ne pas qu'il parte

> "Je parle moins. Je ne dérange pas. Je fais attention à ce que je dis, à comment je le dis. Je m'efface, un peu plus chaque jour... pour ne pas qu'il me quitte."

Introduction

Tu sens que tu marches sur des œufs.
Tu fais attention à tout.
À ne pas être "trop" : trop émotive, trop en demande, trop jalouse, trop sensible.
Tu t'excuses presque d'aimer, d'exister.

Parce qu'une part de toi est persuadée que si tu montres trop de toi, il s'en ira.

Alors tu réduis ta lumière. Tu tailles dans ton cœur.
Tu te fais toute petite.
Et pourtant... il ne t'aime pas plus.
Et toi, tu t'aimes de moins en moins.

<u>Pourquoi on s'efface ?</u>

1. Parce qu'on a peur d'être abandonnée.

On se dit : "Si je suis facile à vivre, il restera."

Alors on se fond, on s'adapte, on ravale nos émotions.

2. Parce qu'on a associé l'amour à la souffrance.

Être aimée, pour certaines, c'est être sage, discrète, silencieuse. C'est ne pas déranger. C'est mériter.

3. Parce qu'on a vécu des relations où s'exprimer coûtait cher.
Des cris. Des silences. Du rejet. Du mépris. Alors aujourd'hui, on préfère se taire.

Mais tu ne peux pas être heureuse si tu disparais

Être en couple ne doit jamais vouloir dire renoncer à exister.
Tu as le droit de parler.
De pleurer.
D'être toi, dans toute ta complexité.
Et s'il fuit pour ça ? Ce n'était pas un amour, c'était une illusion fragile.

Ce que tu perds quand tu t'effaces

Ta joie.

Ton intuition.

Ton pouvoir personnel.

Ta voix.

Ton épanouissement.

Et tout ça... pour quelqu'un qui ne t'aime que lorsque tu es "plus facile à supporter".

Changer de posture : Reprendre ta place

L'amour n'est pas une récompense qu'on gagne en devenant minuscule.
Tu peux être entière et être aimée.
Tu peux pleurer, rire, douter, affirmer... sans perdre sa place.

Celle qui aime sans s'effacer est plus forte que celle qui survit en se niant.

Exercice introspectif

1. Note les moments où tu t'es censurée par peur qu'il parte. Que voulais-tu dire ? Que voulais-tu faire ? Qu'as-tu gardé pour toi ?

2. Demande-toi :

Si j'étais sûre qu'il resterait, que dirais-je ?

Que ferais-je si je ne craignais rien ?

3. Affirme :

"Je n'ai pas à me faire petite pour être aimée. Ma voix compte. Mes émotions sont légitimes. Et si aimer veut dire m'effacer... alors je choisis de m'aimer, moi."

Conclusion

Tu n'as pas été créée pour être minuscule.
Tu es vaste. Vivante. Brillante.
Et un amour qui mérite ton cœur saura faire de la place pour tout ce que tu es.

Tu n'as pas besoin de rapetisser.
Tu as besoin d'un espace où tu peux t'étendre, t'exprimer, t'épanouir.
Et cet espace commence toujours… en toi.

Chapitre 14 – Quand je me sens en attente constante de lui

> *"J'attends son message. J'attends qu'il propose. Qu'il ait envie. Qu'il me regarde comme avant. Qu'il me rassure, qu'il me choisisse, qu'il me voie..."*

Introduction

Ton cœur est accroché à son rythme.

Tu guettes son "en ligne", tu sursautes à chaque notification.

Tu fais des plans dans ta tête, des suppositions.

Et tu attends. Encore. Toujours.

Pas juste un message.

Tu attends d'exister à travers ses gestes.

Tu attends pour te sentir importante, aimée, rassurée.

Tu vis ta relation comme une file d'attente.

Et parfois, tu te demandes si c'est vraiment ça, l'amour.

<u>Pourquoi cette attente est si pesante ?</u>

1. Parce que tu sens qu'il te donne au compte-goutte.

Tu ressens le manque. Et comme il n'est pas constant, tu t'accroches à la moindre goutte d'attention.

2. Parce que tu n'es pas sécurisée émotionnellement.

Tu n'as pas de repères stables, alors tu restes dans l'alerte permanente, entre espoir et déception.

3. Parce que tu ne te choisis pas assez toi-même.

Tu remets ton énergie, ton bonheur, ton agenda même... entre ses mains.

Les signes que tu es en "attente affective"

Tu vérifies constamment ton téléphone.

Tu t'adaptes à ses disponibilités, même si ça te frustre.

Tu ne fais pas de projets seule : tu attends qu'il initie, qu'il décide.

Tu te sens "vide" quand il n'est pas là.

Tu vis dans le manque plutôt que dans le lien.

Mais l'amour, ce n'est pas être suspendue à l'autre

L'amour sain te donne de l'espace, de la régularité, de la sécurité.
Il ne te laisse pas dans l'attente.
Il ne t'oblige pas à interpréter, à douter, à anticiper.

Si tu te sens constamment en suspens, ce n'est pas une relation : c'est une attente émotionnelle.

Et cette attente... t'épuise.

Reprendre le pouvoir de ton temps, de ta vie

Tu as le droit de vivre, d'avancer, d'aimer... même quand il est silencieux.

Tu peux te remplir d'autre chose que de ses miettes.

Ton cœur mérite un amour présent.

Et surtout, tu mérites de ne pas être dans le vide quand l'autre n'est pas là.

Exercice introspectif

1. Observe les moments où tu es en attente.

Que fais-tu à ce moment-là ? Que ressens-tu ? À quoi renonces-tu dans cette attente ?

2. Demande-toi :

Qu'est-ce que je peux m'offrir moi-même au lieu de le mendier ?

Quelles activités me reconnectent à moi ?

3. Affirme :

"Je ne suis plus en attente. Je suis en mouvement. J'existe pleinement, même sans sa présence."

Conclusion

L'amour ne doit pas te mettre en pause.
Il ne doit pas te figer, t'obséder, t'enfermer dans le manque.

Tu es une femme en vie, pas un cœur sur "stand-by".

Alors s'il te met en attente trop longtemps...
Peut-être que la vraie question, ce n'est pas "Quand va-t-il venir ?"

Mais : "Et moi, quand vais-je revenir à moi-même ?

Chapitre 15 – Quand je veux être l'exception, mais que je me sens remplaçable

> "Je veux être celle qu'on n'oublie pas. Celle qui laisse une trace. Mais au fond, j'ai peur d'être juste une parmi tant d'autres, une passade, un épisode dans sa vie."

Introduction

Tu veux être celle qui compte.
Pas une étape, mais un tournant.
Pas une jolie histoire, mais la grande.
Tu veux être celle qui marque son cœur comme lui a marqué le tien.

Mais il y a cette voix en toi...

Celle qui chuchote que tu n'es pas si différente.

Qu'il a aimé d'autres avant toi.

Qu'il pourrait aimer d'autres après.

Et que toi, tu ne seras peut-être qu'un chapitre dans son livre, pas l'histoire entière.

Pourquoi ce besoin d'être "l'exception" ?

1. Parce que tu as peur d'être ordinaire.

Et tu crois qu'être aimée "comme les autres" veut dire ne pas être aimée "assez".

2. Parce que tu confonds amour et unicité.

Tu veux qu'il t'aime comme personne d'autre, pour te prouver que tu as une valeur unique.

3. Parce que tu ne t'es peut-être jamais sentie "choisie" en premier.

Alors cette fois, tu veux savoir que tu es spéciale, irremplaçable.

Ce que tu ressens au fond : le vertige d'être oubliée

Tu regardes son passé. Tu scrutes son regard.
Tu compares. Tu doutes.
Tu te demandes si ce qu'il vit avec toi est vraiment différent.
Et ça te ronge.

Parce que tu veux être la dernière.
Celle pour qui il s'arrête.
Celle qui change tout.

Mais tu as peur.
Peur que demain, il aime quelqu'un d'autre de la même manière.
Peur d'avoir été aimée "par habitude", "par défaut", "par période".
Et pas pour toi.

Mais être l'exception, ce n'est pas une compétition

Ce n'est pas ton passé qui te définit.
Ni le sien.
Ce n'est pas ce qu'il a vécu avant qui diminue ce qu'il vit avec toi.
Et surtout : tu n'as rien à prouver.

Tu n'as pas à être meilleure.

Plus jolie. Plus douce. Plus brillante.

Tu as juste à être toi. Entièrement.

Et si tu n'es pas choisie pour ça... alors ce n'est pas lui qui te mérite.

Revenir à ta valeur intrinsèque

Tu n'es pas remplaçable.
Pas parce qu'il le dit.
Mais parce que tu existes, déjà unique, déjà entière.

Et s'il ne voit pas ça ?
Ce n'est pas toi qui es interchangeable.

C'est lui qui est incapable d'aimer vraiment.

<u>**Exercice introspectif**</u>

1. Écris les choses qui font de toi une femme unique.

Pas dans la comparaison. Dans l'authenticité.

2. Demande-toi :

Et si j'étais déjà assez ?

Et si être moi, c'était déjà exceptionnel ?

3. Affirme :

"Je suis irremplaçable, même si quelqu'un d'autre vient après. Je suis l'exception de ma propre vie. Je ne suis pas une version. Je suis la source."

Conclusion

Tu n'as pas à mendier une place dans sa vie.
Tu n'as pas à devenir irremplaçable à ses yeux pour valider ton importance.

Tu l'es déjà.

Et le vrai défi, ce n'est pas d'être son exception...

C'est de te rappeler que tu n'es pas interchangeable.
Jamais. Pour personne.
Pas même pour toi.

Chapitre 16 - Le retour à soi : aimer sans dépendre

L'amour peut exister sans dépendance. Ce chapitre aborde la notion de dépendance émotionnelle et comment s'en libérer. Aimer sans dépendre de l'autre pour sa propre validation ou bonheur est l'un des plus grands accomplissements dans une relation. C'est dans cette indépendance que réside la véritable force de l'amour.

Le retour à soi : aimer sans dépendre

L'amour, dans sa forme la plus pure, ne repose pas sur la dépendance. Il existe une différence fondamentale entre l'amour véritable et la dépendance émotionnelle. Alors que la dépendance cherche à combler des manques, l'amour véritable naît d'un espace intérieur plein, un espace où l'on est capable de s'aimer et de se valider soi-même, indépendamment des actions ou des paroles de l'autre.

La dépendance émotionnelle naît souvent d'un besoin profond de reconnaissance, de validation ou de confort. L'idée que l'on ne peut être heureux que si l'autre nous aime de la manière dont nous l'attendons, ou nous porte une attention constante, est une forme d'illusion qui nous emprisonne. Cela peut créer un déséquilibre dans la relation, car l'un des partenaires se retrouve à attendre l'autre comme la source unique de son bien-être.

Se libérer de cette dépendance n'est pas un processus simple ni rapide, mais c'est un chemin d'autonomie émotionnelle et de reconnexion à soi.

C'est dans cette autonomie que réside la véritable force de l'amour. Quand nous avons appris à nous aimer sans condition, à nous valider sans attendre l'approbation d'autrui, nous pouvons offrir notre amour de manière plus authentique et généreuse.

L'une des premières étapes pour y parvenir consiste à cultiver l'amour de soi. Cela signifie accepter ses imperfections, reconnaître sa valeur, et comprendre que le bonheur ne dépend pas de la présence ou de l'attitude d'un autre. L'amour de soi est un espace intérieur où la paix, l'acceptation et la gratitude peuvent se déployer sans avoir besoin d'être alimentés par l'extérieur.

L'indépendance émotionnelle n'implique pas l'indifférence ou le retrait. Bien au contraire, c'est en étant pleinement épanoui dans sa propre vie, en ayant confiance en soi, que l'on peut offrir un amour plus libre, plus pur. Quand nous ne sommes plus dans la peur de perdre ou dans l'attente d'une confirmation, l'amour devient un partage libre, sans pression, où chaque partenaire peut grandir individuellement tout en s'épanouissant ensemble.

Cela ne veut pas dire que la relation ne doit pas être nourrie par l'attention et l'effort mutuel. Bien au contraire, l'amour véritable se construit par la compréhension, le respect, et l'échange. Mais une relation fondée sur l'indépendance émotionnelle est plus solide, car elle repose sur deux personnes qui se choisissent non pas par besoin, mais par désir authentique de s'accompagner dans la vie.

Aimer sans dépendre, c'est aimer avec une liberté pleine et entière. C'est donner et recevoir sans attentes démesurées, c'est soutenir l'autre sans chercher à combler un vide en soi. C'est dans cet espace d'équilibre que l'on peut expérimenter un amour profond, épanouissant et véritable, loin des chaînes de la dépendance émotionnelle.

Chapitre 17 - Je ne suis pas difficile, je suis précieuse

Se faire passer pour "difficile" pour avoir des attentes claires dans une relation est un piège dans lequel beaucoup tombent. Ce chapitre t'encourage à t'affirmer et à poser des attentes raisonnables. Te respecter, c'est comprendre que tes désirs, tes besoins et tes limites sont valables. Tu n'es pas difficile, tu es précieuse, et tes attentes doivent être honorées.

Dans un monde où l'on nous apprend souvent à être « flexibles » et à « faire des compromis » pour que les relations fonctionnent, il est facile de tomber dans le piège de se laisser dévaloriser. Quand tu poses des attentes claires dans une relation, tu es parfois cataloguée comme "difficile" ou "trop exigeante". Mais la vérité est que poser des attentes n'est pas un signe de difficulté, c'est un signe de respect de soi. Tu n'es pas difficile, tu es précieuse.

Il est crucial de comprendre que tes désirs, tes besoins et tes limites sont valables. Chaque être humain a des attentes légitimes en matière de respect, de considération et d'amour.

T'accepter et t'affirmer dans tes attentes, c'est te donner le droit de te respecter et de te traiter avec dignité. Il ne s'agit pas de demander l'impossible, mais de poser des bases saines et claires pour une relation épanouissante.

Les attentes ne sont pas des exigences démesurées, mais des repères essentiels pour s'assurer que les deux partenaires se respectent mutuellement. Si tu désires être écoutée, valorisée, ou soutenue dans tes passions et tes projets, ce n'est ni une demande excessive ni une pression injustifiée. C'est une demande normale qui émane de ton droit à être respectée et considérée.

L'erreur la plus courante est de penser que l'on doit faire des concessions sur ses propres besoins pour que l'autre se sente à l'aise ou pour éviter de paraître « difficile ». Mais, en réalité, ces compromis peuvent mener à l'épuisement, à la frustration, et à une relation déséquilibrée. Le respect de soi, c'est être fidèle à ses valeurs, à ses désirs et à ses limites sans avoir honte de les exprimer.

Te respecter, c'est aussi comprendre que ton amour, ton temps et ton énergie sont précieux. Il ne s'agit pas de demander à l'autre de se conformer à tes attentes sans tenir compte de ses besoins, mais plutôt de trouver un terrain d'entente qui respecte à la fois ton bien-être et celui de l'autre. La clé réside dans la communication, dans l'ouverture, et dans la capacité à négocier sainement, tout en restant fidèle à ce qui est important pour toi.

Lorsque tu réalises que tes attentes ne sont ni irrationnelles ni excessives, mais qu'elles viennent d'un lieu de respect et d'amour pour toi-même, tu deviens plus consciente de ta propre valeur. Tu arrêtes de t'excuser pour vouloir quelque chose de sain, de respectueux et d'épanouissant. En t'affirmant, tu montres que tu es précieuse, que tu mérites une relation équilibrée où tes besoins et tes désirs sont pris en compte.

Tu n'es pas difficile. Tu es précieuse. Et, par conséquent, tes attentes ne sont pas seulement légitimes, elles doivent être honorées. Une relation qui te respecte et qui répond à tes attentes est une relation dans laquelle tu peux grandir, t'épanouir, et être toi-même, libre et épanouie.

Chapitre 18 - Je ne suis pas la première, mais je suis moi

L'amour ne se mesure pas au nombre de personnes qu'on a aimées avant nous. Trop souvent, nous comparons notre histoire à celles qui ont précédé, comme si nous devions rivaliser avec le passé de l'autre. Ce chapitre montre comment accepter d'être "la suivante" sans se sentir inférieure. L'amour n'est pas une compétition. Ce qui compte, c'est l'intensité du lien que l'on tisse dans le présent.

Dans les relations amoureuses, il est facile de se laisser envahir par les comparaisons. On se retrouve parfois à évaluer notre place dans l'histoire de l'autre, à se demander si l'on mesure à la hauteur de ceux qui ont précédé. Cette pensée, souvent insidieuse, peut semer le doute et l'insécurité : "Suis-je aussi importante que la première ? Suis-je celle qui comble un vide ?" Mais il est essentiel de comprendre une vérité fondamentale : l'amour ne se mesure pas au nombre de personnes que l'on a aimées avant nous.

Il n'est pas rare de ressentir de la jalousie ou de l'inquiétude en pensant au passé de notre partenaire. Pourtant, cette tendance à se comparer aux anciennes histoires est non seulement inutile, mais elle peut aussi nous empêcher de voir l'essentiel : ce que nous vivons ici et maintenant. L'amour n'est pas une compétition. Ce qui compte véritablement, c'est la qualité de la relation que l'on construit, l'intensité du lien que l'on tisse dans le présent.

Être « la suivante » dans une histoire d'amour ne signifie pas être moins que les autres. Chacune de nos expériences est unique, et chacune de nos histoires d'amour possède sa propre essence. Ce n'est pas le passé qui définit notre valeur ou l'amour que l'on mérite, mais la façon dont nous investissons dans notre relation actuelle, la manière dont nous nous donnons et recevons, et la profondeur de la connexion que nous créons ensemble.

Accepter d'être "la suivante" est un acte de confiance. Cela signifie s'accepter soi-même dans toute sa singularité et ne pas se laisser submerger par les ombres du passé. Il est essentiel de réaliser que chaque personne que l'on rencontre a un parcours différent, avec ses propres blessures, ses propres enseignements et ses propres moments de bonheur. Ce n'est pas une compétition de qui a été aimé le plus ou le mieux ; c'est une aventure à partager, à deux, à partir de ce que l'on est aujourd'hui.

L'amour n'a pas de critères quantitatifs. Il ne se mesure pas en termes de première, de dernière, ou de meilleures histoires d'amour. Ce qui fait la richesse d'une relation, c'est la connexion profonde que l'on parvient à établir, l'authenticité de l'engagement que l'on offre. C'est cette alchimie, unique à chaque couple, qui transforme les moments partagés en souvenirs précieux et en expérience de vie.

En acceptant pleinement de n'être ni la première ni la dernière, mais simplement soi, on se donne la possibilité de bâtir une relation sans fardeau. On cesse de se comparer et on commence à apprécier ce qui fait de nous un partenaire unique. Ce qui importe, c'est l'amour que l'on vit dans le présent, avec toute sa sincérité, son intensité et son potentiel de croissance.

N'oublie jamais que tu n'as pas à rivaliser avec les amours passés de l'autre. Ce qui compte, c'est ce que vous construisez ensemble aujourd'hui. L'amour n'a pas de place pour la comparaison, il n'a que de la place pour l'authenticité, l'ouverture et la beauté du moment présent. Et toi, en tant qu'individu unique, tu es tout aussi digne d'un amour sincère, profond et véritable.

Chapitre 19 - Et si je n'étais qu'un passage ?

Parfois, la crainte d'être un simple "passage" dans la vie de l'autre nous envahit. Nous avons peur de ne pas être la personne avec qui tout se construit. Ce chapitre examine cette angoisse de l'éphémère et comment y faire face. L'amour, même s'il est temporaire, peut être riche et transformateur. Il ne s'agit pas toujours de durer, mais de grandir à travers l'expérience vécue.

Il arrive, dans les moments de doute ou d'incertitude, que nous nous demandions si nous ne sommes qu'un simple passage dans la vie de l'autre. Une étape, un détour, peut-être même une parenthèse qui finira par se refermer. Cette crainte, subtile mais puissante, nous envahit parfois, nous poussant à chercher à tout prix à nous inscrire dans la durée, à vouloir être là pour toujours. Mais et si l'amour, même temporaire, avait une richesse qui dépasse le simple concept de permanence ? Et si ce qui comptait, au fond, c'était ce que nous apprenons et devenons au cours de cette expérience, quelle qu'elle soit ?

La peur de n'être qu'un passage est une angoisse humaine profondément ancrée. Nous avons tous ce désir, presque instinctif, de laisser une marque, de construire quelque chose de durable et de significatif. On se demande souvent si l'on est « celui ou celle » avec qui l'autre veut vraiment bâtir un futur. Cette question, bien que légitime, peut nous empêcher de pleinement apprécier ce que nous vivons ici et maintenant.

Il est difficile d'accepter que certaines histoires d'amour ne soient pas destinées à durer éternellement.

Cependant, cela ne signifie pas qu'elles soient moins importantes. L'amour, même éphémère, peut être une aventure intense, un moment de croissance personnelle et d'épanouissement. Chaque rencontre, chaque relation, même brève, a le potentiel de nous transformer, de nous enseigner des leçons précieuses, et de nous montrer une facette de nous-mêmes que nous n'avions pas encore découverte.

Se concentrer sur la durée d'une relation, c'est parfois oublier de vivre pleinement l'intensité du moment. L'amour n'a pas toujours vocation à durer, mais chaque moment passé dans une relation peut être une chance de grandir, de comprendre ses besoins, ses désirs, et sa capacité à aimer. Peut-être que cette relation ne sera qu'un passage, mais ce passage peut avoir un impact profond. Il peut nous révéler des facettes de nous-mêmes que nous ne soupçonnions pas, nous permettre de guérir des blessures du passé, ou nous aider à mieux comprendre ce que nous recherchons dans une relation.

Parfois, l'éphémère est précieux précisément parce qu'il nous force à apprécier le présent, à être pleinement là, sans se projeter constamment dans un futur incertain. L'amour n'a pas besoin d'être éternel pour être sincère et significatif. Ce qui compte, c'est ce que l'on vit ensemble dans l'instant, la manière dont on se soutient, dont on partage, dont on s'enrichit mutuellement.

Alors, et si tu n'étais qu'un passage ? Cela ne veut pas dire que tu n'as pas compté. Cela ne veut pas dire que ton histoire est sans valeur. Au contraire, cela signifie que tu as joué un rôle essentiel dans le parcours de l'autre, que vous avez partagé quelque chose d'unique et de précieux, même si c'était temporaire. Et si tu n'étais qu'un passage, cela ne ferait pas de toi une moins bonne personne ou une moins belle histoire. L'éphémère peut être transformateur, riche de sens, et rempli d'une beauté particulière.

Accepter de ne pas être une finalité, mais un moment, c'est comprendre que chaque expérience amoureuse, même brève, est un cadeau. Ce n'est pas la durée qui définit la valeur de l'amour, mais la profondeur de l'expérience vécue ensemble. Et même dans la fin de cette relation, tu emportes avec toi des leçons, des souvenirs et une partie de toi qui a évolué grâce à ce que vous avez partagé.

Chapitre 20 - L'amour n'efface pas les limites

L'amour est souvent perçu comme une force tellement puissante qu'on oublie qu'il doit respecter des frontières. L'amour ne doit pas effacer nos limites personnelles. Ce chapitre traite de la manière de poser des limites saines dans une relation, de dire non quand il le faut, sans craindre le rejet. Respecter ses propres limites, c'est aussi respecter celles de l'autre.

L'amour est souvent perçu comme une force qui unit, qui transcende, et qui surmonte toutes les barrières. Il peut être si puissant qu'il nous fait parfois oublier que, même dans une relation profonde, il doit y avoir des frontières respectées. Trop souvent, nous avons l'impression que pour aimer pleinement, nous devons abandonner nos limites, effacer nos besoins et nous plier aux désirs de l'autre. Pourtant, l'amour véritable ne consiste pas à renoncer à soi-même, mais à s'accepter mutuellement dans toute notre singularité, avec nos besoins, nos envies, et nos limites.

Poser des limites saines dans une relation est essentiel pour préserver son équilibre et son bien-être. Dire « non » quand cela est nécessaire, exprimer son inconfort ou ses besoins, ne signifie pas être égoïste ou rejeté, mais plutôt être respectueux envers soi-même et envers l'autre. Lorsque nous établissons des limites claires et respectées, nous créons un espace sûr où chacun peut s'épanouir sans se sentir menacé, étouffé, ou pris pour acquis.

Le problème survient souvent quand on croit que l'amour nécessite une fusion totale, où l'on oublie ses propres désirs et priorités pour ne répondre qu'à ceux de l'autre. Mais l'amour ne consiste pas à s'effacer. C'est un équilibre entre la connexion et le respect de soi. Ce n'est qu'en respectant nos propres limites que nous pouvons pleinement donner à l'autre, sans épuisement ni ressentiment. L'amour n'est pas une invitation à sacrifier son bien-être personnel, mais à apprendre à coexister harmonieusement avec l'autre, en respectant nos besoins et nos attentes respectifs.

Apprendre à dire non, à poser des limites, à respecter son temps, son espace, son énergie, n'est pas un acte de rejet ou d'égoïsme, mais un acte de bienveillance. C'est reconnaître que l'on a des besoins et qu'ils méritent d'être respectés. Dire non à quelque chose qui ne nous convient pas, c'est aussi dire oui à notre bien-être, à notre paix intérieure, et à notre équilibre. Ce n'est pas une faiblesse, mais une force.

En parallèle, respecter les limites de l'autre est tout aussi important. Dans une relation saine, chaque partenaire doit pouvoir exprimer ce qui lui est confortable et ce qui ne l'est pas, sans crainte d'être jugé ou rejeté. C'est dans cet espace de respect mutuel que l'amour peut se déployer dans toute sa beauté. Lorsque les deux partenaires comprennent que l'amour n'implique pas l'annulation des frontières personnelles, mais leur respect, ils établissent les bases solides d'une relation équilibrée, saine et épanouissante.

L'amour ne doit jamais effacer les limites. Au contraire, il les reconnaît et les honore. C'est par le respect de ces frontières que l'on cultive un amour plus profond, plus respectueux et plus authentique. L'amour n'est pas une zone d'effacement de soi, mais une rencontre dans laquelle deux individus, forts de leurs propres identités, choisissent de s'unir tout en se respectant mutuellement dans leurs différences. Respecter ses propres limites, c'est se donner la possibilité de s'aimer pleinement et de permettre à l'autre de faire de même.

Chapitre 21 - Apprendre à dire non sans perdre l'autre

Dire non est essentiel pour se protéger. Mais parfois, nous craignons que dire non à quelque chose signifie dire non à la relation elle-même. Ce chapitre explore l'art de dire non, de poser des limites sans que cela n'entraîne un rejet ou une rupture. Dire non, c'est une manière de se respecter et de montrer à l'autre que l'on souhaite une relation équilibrée.

Dire non est un acte fondamental de protection de soi, un moyen de poser des limites et de préserver son bien-être. Cependant, ce geste simple peut parfois être perçu comme un risque, notamment dans une relation amoureuse. Nous avons peur que dire non à quelque chose signifie dire non à l'autre, que cela puisse être interprété comme un rejet de la personne elle-même, ou pire encore, comme un signe que la relation est en danger. Mais en réalité, dire non n'est pas un acte de rejet, c'est un acte de respect. C'est dire à l'autre que notre intégrité, notre confort et nos besoins sont importants, tout en préservant l'harmonie dans la relation.

Apprendre à dire non sans que cela entraîne un conflit ou une rupture est un art subtil. Il s'agit de trouver l'équilibre entre être fidèle à soi-même et maintenir un lien sain avec l'autre. Dire non, ce n'est pas dire « je ne t'aime pas » ou « je ne veux plus de toi », mais plutôt dire « j'ai des besoins, j'ai des limites, et je souhaite que nous soyons tous les deux respectés dans cette relation ». C'est une manière de montrer que l'on se respecte, et que l'on souhaite bâtir une relation fondée sur l'équilibre et la compréhension mutuelle.

La crainte de perdre l'autre en posant des limites est compréhensible, mais il est essentiel de réaliser que toute relation saine doit se nourrir du respect des besoins et des désirs de chacun. Une relation qui repose uniquement sur la satisfaction des attentes de l'autre, sans tenir compte des besoins personnels, risque de devenir déséquilibrée et, à terme, de créer du ressentiment. Dire non permet justement d'éviter cela. Il offre un espace où chaque partenaire peut se sentir libre d'être soi-même, sans avoir à sacrifier ce qui est important pour lui.

Dire non est aussi une manière d'affirmer son autonomie. Cela montre à l'autre que l'on n'attend pas qu'il devine ce que l'on ressent ou ce dont on a besoin, mais qu'on a la capacité et le courage de le lui dire directement. Cela crée une base de communication honnête et ouverte, où les deux partenaires peuvent s'exprimer sans crainte de jugement. En apprenant à dire non de manière claire et respectueuse, on crée les conditions d'une relation où chacun peut s'épanouir sans se sentir étouffé ou dévalorisé.

La clé réside dans la manière dont nous exprimons ce « non ». Il ne s'agit pas d'une attitude agressive ou de fermeture, mais d'un message qui exprime nos besoins de manière calme et posée. Ce non est souvent accompagné d'une explication, d'une volonté de faire comprendre que ce n'est pas une remise en question de l'autre, mais un respect des frontières personnelles. Une relation équilibrée se construit sur cette capacité à poser des limites sans culpabilité, à se respecter sans craindre que l'autre ne nous rejette pour cela.

Dire non sans perdre l'autre, c'est comprendre que l'amour authentique repose sur une communication ouverte et une compréhension mutuelle des besoins et des limites de chacun. C'est un moyen de renforcer le lien en montrant à l'autre que l'on souhaite que la relation soit basée sur la réciprocité et le respect. Dire non, c'est en réalité affirmer son désir d'une relation saine, équilibrée et durable.

Chapitre 22 - Le silence de l'autre ne dit rien de ma valeur

Le silence de l'autre peut être douloureux. Nous l'interprétons souvent comme un rejet, une remise en question de notre valeur. Ce chapitre aide à comprendre que le silence de l'autre ne définit pas qui nous sommes. Nous avons tous des moments de retrait, de doute ou de confusion, mais cela n'a rien à voir avec notre valeur intrinsèque. Il est essentiel de se détacher de ce besoin constant de validation externe.

Le silence de l'autre peut être une épreuve. Lorsqu'il survient, il peut être difficile de ne pas se laisser envahir par des pensées négatives, par des doutes sur soi. On se demande parfois : « Pourquoi ne répond-il pas ? Qu'est-ce que j'ai fait de mal ? Est-ce qu'il m'en veut ? » Ce silence, ou ces moments d'absence, peuvent être perçus comme un rejet, une remise en question de notre valeur. Mais il est important de comprendre que ce silence ne définit pas qui nous sommes.

Il est naturel de chercher des réponses extérieures pour valider notre place et notre valeur dans les relations. Nous avons tous ce besoin, plus ou moins marqué, d'être vus, entendus, et appréciés. Mais ce besoin constant de validation externe peut nous faire perdre de vue une vérité fondamentale : notre valeur ne dépend pas du regard des autres. Elle réside dans ce que nous sommes profondément, dans notre essence, indépendamment de l'attention ou de l'affection des autres.

Le silence de l'autre ne fait pas de nous des personnes moins importantes, ni moins dignes d'amour et de respect. En fait, il est essentiel de comprendre que le silence de l'autre peut être motivé par des raisons qui n'ont rien à voir avec nous : il peut s'agir de moments de retrait nécessaires pour traiter ses propres émotions, des périodes de doute ou de confusion, ou encore des situations personnelles que l'on ignore. Il est donc crucial de ne pas interpréter chaque silence comme une remise en cause de notre valeur ou de notre place dans la relation.

La véritable clé pour affronter le silence, et les moments d'incertitude qui l'accompagnent, réside dans notre capacité à nous détacher de ce besoin constant de validation externe. Cela ne signifie pas devenir insensible ou indifférent aux sentiments de l'autre, mais plutôt apprendre à puiser notre validation et notre estime de soi à partir de notre propre source intérieure. Quand nous sommes capables de nous affirmer sans chercher à tout prix l'approbation des autres, nous gagnons en sérénité et en confiance.

Il est aussi important de comprendre que le silence n'est pas toujours négatif. Parfois, il est un espace nécessaire pour la réflexion, pour la prise de recul, ou même pour la gestion de situations émotionnelles complexes. Ce n'est pas parce que l'autre se tait que l'amour ou l'affection ont disparu. Le silence peut être une forme d'introspection ou de besoin de temps pour traiter des émotions, et cela n'a rien à voir avec notre valeur.

Se détacher de l'idée que notre valeur dépend des réactions des autres est un acte de liberté personnelle. En apprenant à vivre pleinement notre propre valeur, indépendamment du comportement ou des silences des autres, nous pouvons développer une confiance solide et inébranlable. Nous ne dépendons plus des réponses externes pour nous sentir bien dans notre peau. Nous avons la capacité de nous affirmer, d'agir et de nous épanouir, même dans les moments où les autres semblent absents ou silencieux.

Le silence de l'autre ne définit pas qui nous sommes. Il ne remet pas en cause notre dignité ni notre mérite. Notre valeur est infinie et ne se mesure pas à la quantité d'attention que l'on reçoit, mais à la profondeur de ce que nous offrons à nous-mêmes. Il est temps de libérer notre estime de soi du besoin de validation externe, et de cultiver une confiance qui vient de l'intérieur.

Chapitre 23 - Retrouver confiance après l'abandon

L'abandon, qu'il soit physique ou émotionnel, laisse des cicatrices. Ce chapitre parle du processus de guérison après un abandon, qu'il soit par une rupture ou par une négligence émotionnelle. Comment retrouver la confiance en soi et en l'autre après avoir été abandonné ?

Comment apprendre à ne plus craindre l'abandon et à rétablir des liens sains et équilibrés ?

Je mérite un amour qui me choisit.

Il est facile de se perdre dans une relation, surtout quand on a l'impression de ne pas être totalement choisi, mais seulement accepté. Ce chapitre met en lumière l'importance de se sentir choisi par l'autre, de savoir que l'amour est une décision consciente et non un compromis. Se rappeler que l'on mérite d'être aimé pleinement et de manière inconditionnelle est crucial pour s'épanouir dans la relation.

L'abandon, qu'il soit physique ou émotionnel, laisse des cicatrices profondes. Que ce soit à travers une rupture brutale, une négligence émotionnelle, ou un retrait soudain d'un proche, l'abandon met à l'épreuve notre capacité à faire confiance et à nous reconstruire. Il fragilise notre estime de soi, nous faisant douter de notre valeur et de notre capacité à être aimé. Le processus de guérison après un abandon est long et complexe, mais il est possible de retrouver la confiance, d'abord en soi-même, puis en l'autre.

Le premier pas vers la guérison consiste à reconnaître la douleur de l'abandon. Il est important de permettre à nos émotions d'exister, de les ressentir pleinement avant de pouvoir les transformer. Ignorer ou réprimer la douleur ne fait que prolonger la souffrance. Accepter cette douleur est une étape essentielle pour avancer. Il ne faut pas avoir honte de ses émotions, même les plus vulnérables. Elles ne sont pas des signes de faiblesse, mais des témoins de notre humanité. Accepter que l'on a souffert, c'est déjà un acte de courage.

Ensuite, il est crucial de comprendre que l'abandon n'est pas une reflection de notre valeur personnelle. Lorsqu'une personne nous abandonne, ce n'est pas parce que nous ne méritons pas d'amour ou de soutien. L'abandon peut découler de problèmes personnels de l'autre, de circonstances indépendantes de nous, ou de dynamiques relationnelles qui ne nous concernent pas. Cela ne signifie pas que nous ne sommes pas dignes d'amour, mais simplement que la relation n'a pas pu fonctionner comme prévu.

Pour retrouver confiance en soi après un abandon, il est essentiel de reconstruire notre estime de soi de manière indépendante. Cela commence par l'amour de soi, par la réaffirmation de nos qualités et de notre valeur intrinsèque. Il peut être utile de se rappeler les moments où l'on s'est montré fort, courageux, ou bienveillant envers soi-même. Réaliser que, malgré la douleur de l'abandon, nous avons survécu et que nous avons des ressources pour guérir est un pas puissant vers la reconstruction.

La confiance en l'autre peut, elle aussi, être rétablie, mais elle nécessite du temps et une certaine prudence. Après un abandon, il est normal d'être méfiant, de craindre d'être de nouveau rejeté. Mais pour ne pas rester dans la peur et la fermeture, il est essentiel de se donner la chance de reconstruire des relations saines. Cela implique de prendre le temps de connaître et de comprendre les autres, sans se précipiter. Il est important d'établir des frontières claires, de ne pas accepter des comportements qui ne respectent pas notre bien-être, et de privilégier des relations où la communication et le respect mutuel sont essentiels.

Apprendre à ne plus craindre l'abandon, c'est réaliser que nous ne sommes pas dépendants de l'autre pour être complets. Nous pouvons vivre des relations équilibrées et enrichissantes, sans placer notre bonheur dans les mains des autres. Le véritable défi après un abandon est de restaurer notre confiance en notre capacité à aimer et à être aimé, sans que cette confiance soit dépendante de la présence ou de l'approbation de quelqu'un d'autre.

Enfin, rétablir des liens sains et équilibrés implique de ne pas se précipiter dans une nouvelle relation par peur de la solitude, mais d'attendre que nous soyons prêts. Cela signifie aussi se donner la permission de vivre des relations à un rythme qui nous convient, de ne pas chercher à tout prix à combler le vide laissé par l'abandon, mais d'apprendre à vivre avec soi-même, à être heureux seul, avant de pouvoir offrir de l'amour à un autre.

La guérison après un abandon est un processus. Elle demande du temps, de la patience, et beaucoup de bienveillance envers soi-même. Mais c'est aussi un chemin de redécouverte, de reconquête de soi, où l'on apprend à se relever plus fort et plus sage, prêt à créer des relations fondées sur la confiance, l'honnêteté, et le respect mutuel.

Chapitre 24 - Quand je m'aime, je n'ai plus peur de perdre

Lorsque l'on s'aime soi-même, on cesse d'être dans la peur de perdre l'autre. Ce chapitre explore comment l'amour de soi est la clé pour se libérer de l'anxiété relationnelle. Quand on est entier et complet, on est moins dépendant de l'autre pour se sentir bien. L'amour de soi crée un espace de sécurité émotionnelle où l'on peut être vulnérable sans crainte.

L'amour de soi est la clé pour se libérer de l'anxiété relationnelle. Tant que nous cherchons à combler un vide intérieur avec l'amour ou l'attention de l'autre, nous vivons dans la peur constante de le perdre. Nous avons peur de l'abandon, du rejet, ou de la rupture, pensant que si l'autre nous quitte, nous serons incomplets, sans valeur, ou perdus. Mais quand nous apprenons à nous aimer et à nous accepter pleinement, cette peur de perdre s'effondre, car nous réalisons que nous sommes déjà entiers, complets, et dignes d'amour, indépendamment de la présence ou de l'approbation de l'autre.

Lorsque l'on s'aime soi-même, on cesse de chercher à combler un vide avec l'affection externe. L'amour de soi ne consiste pas en une forme d'égocentrisme ou d'indifférence envers les autres, mais plutôt dans la reconnaissance de sa propre valeur et dans l'affirmation que notre bonheur ne dépend pas exclusivement des relations ou des personnes qui nous entourent. On cesse d'être dans une dynamique de recherche de validation constante. On comprend que notre bonheur, notre équilibre et notre sérénité sont des choses que nous pouvons nourrir de l'intérieur.

Cette indépendance émotionnelle ne signifie pas que l'on ne souhaite pas de relation amoureuse ou de lien avec l'autre, mais elle nous permet d'être dans une relation plus saine, plus équilibrée et plus épanouissante. Quand on est entier et complet en soi-même, on est moins enclin à rechercher dans l'autre une source de validation ou de complétude. On peut aimer l'autre sans crainte de le perdre, car notre valeur n'est pas liée à sa présence. Nous n'avons plus besoin de contrôler l'autre, ni de tout faire pour le maintenir dans notre vie. Au contraire, nous pouvons accueillir la relation de manière plus sereine et authentique, sans y mettre une pression excessive.

L'amour de soi crée un espace de sécurité émotionnelle qui nous permet d'être vulnérables sans crainte. La vulnérabilité devient alors une force, non une faiblesse. Lorsqu'on s'aime et qu'on est en paix avec soi-même, on peut s'ouvrir à l'autre sans craindre que cette ouverture nous expose à la douleur du rejet. On sait que, même si une relation prend fin, notre valeur intrinsèque reste intacte. Nous avons appris à nous nourrir de notre propre amour et à nous soutenir dans les moments difficiles.

Libérés de la peur de perdre, nous sommes capables de vivre les relations de manière plus consciente et plus épanouie. On cesse de chercher à contrôler l'autre ou à vivre dans la crainte de l'abandon. Au lieu de cela, on apprend à accueillir la relation pour ce qu'elle est, sans attachement excessif à son maintien. C'est dans cette liberté émotionnelle que les relations les plus authentiques et les plus durables se construisent.

En nous aimant nous-mêmes, nous créons un terrain fertile pour que l'amour véritable puisse s'épanouir, sans dépendance, sans peur, et sans attentes irréalistes. Cela nous permet de bâtir des relations plus équilibrées, où l'amour est nourri par le respect mutuel, la confiance, et la liberté d'être soi-même. Quand on s'aime profondément, on n'a plus peur de perdre, car on sait que, quoi qu'il arrive, nous serons toujours là pour nous-mêmes.

Chapitre 25 - Reconstruire après l'humiliation

Les humiliations émotionnelles laissent souvent des traces profondes. Ce chapitre s'adresse à ceux qui ont vécu des relations dégradantes et cherchent à se reconstruire. Comment guérir, redonner de la valeur à soi-même et ouvrir à nouveau son cœur sans avoir peur d'être blessé ? Reconstruire sa dignité après une humiliation est un processus délicat, mais il est possible de renaître de ses cendres.

Les humiliations émotionnelles laissent des cicatrices invisibles, mais profondes. Elles frappent au cœur de notre estime de soi, altérant notre perception de nous-mêmes et notre capacité à faire confiance. Dans ces moments de dégradation émotionnelle, nous pouvons ressentir une perte de dignité, une sensation de petitesse, comme si nous ne méritions plus d'être respectés ou aimés. Ce chapitre est destiné à ceux qui ont vécu des relations dégradantes, celles où l'on se sent dévalorisé, rabaissé ou ignoré, et qui cherchent à se reconstruire. Il s'agit de comprendre comment guérir, redonner de la valeur à soi-même, et ouvrir à nouveau son cœur sans craindre d'être blessé. Reconstruire sa dignité après une humiliation est un processus délicat, mais il est possible de renaître de ses cendres.

La première étape pour guérir après une humiliation est d'accepter la douleur. Il est essentiel de permettre à nos émotions de s'exprimer. Se sentir honteux, en colère, ou triste après avoir été humilié est normal. Il ne faut pas nier ces émotions, mais les reconnaître comme une partie du processus de guérison. Ces émotions ne définissent pas qui nous sommes, elles sont simplement des réactions humaines à une expérience douloureuse. Accepter que la souffrance fait partie du parcours de guérison nous permet de commencer à traiter ces blessures.

La guérison commence par un acte fondamental : se rappeler que nous avons une valeur qui ne dépend pas des actions ou des paroles de l'autre. L'humiliation, aussi violente soit-elle, ne diminue en rien notre dignité. Il est essentiel de se reconnecter à soi-même, de redécouvrir nos qualités, nos forces et nos talents, indépendamment de ce que l'autre a pu dire ou faire. Pour cela, il est important de prendre le temps de se soigner intérieurement, de se donner de l'amour et du respect. Cela peut passer par des pratiques d'auto-soin, de méditation, de journalisation ou de thérapie. Se recentrer sur soi-même et sur nos besoins fondamentaux est un pas crucial dans la reconstruction.

Un autre aspect essentiel du processus est de se libérer de la culpabilité souvent associée à l'humiliation. L'humiliation peut créer un sentiment de honte, où l'on se blâme pour ce qui s'est passé, pensant que c'est de notre faute si nous avons été maltraités ou rabaissés. Pourtant, il est fondamental de comprendre que personne ne mérite d'être humilié. C'est l'action de l'autre qui est dégradante, pas la personne qui a subi l'humiliation. Se libérer de ce fardeau de culpabilité est une étape vitale pour retrouver sa dignité et sa paix intérieure.

Le chemin vers la guérison passe également par le pardon. Pardonner à l'autre, ce n'est pas excuser son comportement ou minimiser ce qu'il a fait, mais c'est se libérer de l'emprise de cette souffrance. Le pardon est un acte de libération personnelle qui permet de se détacher des blessures du passé. Cependant, il est important de comprendre que le pardon ne signifie pas accepter de nouveaux abus ou de nouvelles humiliations. Il s'agit plutôt de se donner la possibilité d'aller de l'avant sans être prisonnier du passé.

Reconstruire son estime de soi après une humiliation prend du temps et demande de la patience. Ce processus implique de redéfinir ce que nous pensons de nous-mêmes et de nous rappeler que notre valeur ne dépend pas des autres. Il est essentiel de se réconcilier avec soi-même, d'accepter nos imperfections et d'apprécier la personne que nous sommes, avec toutes nos forces et nos vulnérabilités.

Ouvrir à nouveau son cœur après une humiliation est un défi. L'expérience d'une dégradation émotionnelle peut engendrer la peur de l'intimité et de l'amour, de crainte de revivre la même souffrance. Pourtant, il est possible de rouvrir son cœur, mais cette fois avec discernement. Apprendre à reconnaître les signes de relations saines, à établir des limites claires et à se protéger tout en restant ouvert à l'amour est une compétence qui se développe avec le temps. Il ne s'agit pas de se fermer, mais de se donner la chance d'aimer à nouveau tout en protégeant sa dignité et son bien-être.

Reconstruire sa dignité après une humiliation est un voyage de renaissance. C'est un chemin de guérison qui demande du temps, de l'effort et de la bienveillance envers soi-même. Mais c'est aussi un chemin de transformation, où l'on apprend à s'aimer de nouveau, à se respecter, et à ne plus jamais accepter de se laisser dévaloriser. Lorsque l'on prend le temps de guérir et de reconstruire, on renaît plus fort, plus résilient, et plus déterminé à vivre une vie de dignité et de respect.

Chapitre 26 - Ce que je veux, ce que j'accepte, ce que je ne veux plus

Clarifier ce que l'on veut dans une relation, ce que l'on accepte et ce que l'on refuse, est essentiel pour une vie amoureuse épanouie. Ce chapitre t'aide à faire un tri dans tes attentes et à définir tes limites, pour ne plus jamais accepter de compromis qui te blessent. Savoir ce qu'on veut est une étape décisive pour établir une relation saine et épanouie.

Clarifier ce que l'on veut dans une relation, ce que l'on accepte et ce que l'on refuse est essentiel pour construire une vie amoureuse épanouie et saine. Trop souvent, dans le feu de l'amour ou par peur de la solitude, nous acceptons des comportements, des compromis, ou des situations qui ne correspondent pas à nos valeurs ou à nos besoins. Cela peut mener à de la frustration, de la déception, et à une perte de soi. Ce chapitre t'aide à faire un tri dans tes attentes, à définir clairement tes limites, et à ne plus jamais accepter de compromis qui te blessent. Savoir ce qu'on veut est une étape décisive pour établir une relation fondée sur le respect mutuel, l'épanouissement et la sérénité.

Ce que je veux :

La première étape est de définir ce que tu désires réellement dans une relation. Ce que tu veux va au-delà de l'image idéale d'un partenaire, cela englobe les qualités, les valeurs, et les actions qui te permettent de t'épanouir. Peut-être que tu veux un partenaire attentionné, respectueux, ou communicatif. Peut-être que tu cherches quelqu'un qui partage tes passions, ou quelqu'un avec qui tu peux bâtir un futur commun. Ce que tu veux doit être en harmonie avec qui tu es, tes objectifs de vie, et ce que tu mérites. Ne te laisse pas influencer par des standards extérieurs ou des attentes imposées par la société, mais sois honnête avec toi-même sur ce qui te rendra heureuse.

Ce que j'accepte :

Une fois que tu as défini ce que tu veux, il est également crucial de savoir ce que tu es prête à accepter. Accepter dans une relation n'implique pas de sacrifier tes valeurs ou tes désirs essentiels, mais plutôt d'être réaliste sur ce qui est négociable et ce qui ne l'est pas. Cela inclut les compromis qui peuvent être faits dans une relation saine, comme accepter certaines différences, trouver un terrain d'entente sur des sujets de désaccord, ou être ouvert à la croissance personnelle et relationnelle. Cependant, même dans l'acceptation, il faut veiller à ce que ces compromis ne viennent pas te nuire ou te faire perdre ta propre identité. L'acceptation doit toujours se faire dans le respect de tes besoins fondamentaux.

<u>**Ce que je ne veux plus :**</u>

Il est tout aussi essentiel de clarifier ce que tu ne veux plus dans une relation. Ce sont les comportements, les attitudes et les situations qui sont non négociables et qui ne doivent plus avoir leur place dans ta vie. Peut-être que tu ne veux plus accepter le manque de respect, les mensonges, ou la manipulation. Peut-être que tu as vécu des expériences où tu t'es sentie dévalorisée, ignorée, ou maltraitée, et tu sais désormais que tu ne mérites pas cela. Il est important de prendre le temps de réfléchir à ces expériences passées et d'identifier ce que tu refuses d'accepter à l'avenir. L'objectif n'est pas de créer une liste de règles rigides, mais d'établir des frontières claires pour protéger ton bien-être émotionnel. Accepter de ne plus tolérer ce qui te blesse est un acte d'amour envers toi-même.

Une fois que tu as clarifié ce que tu veux, ce que tu acceptes et ce que tu ne veux plus, tu créeras des bases solides pour toute relation future. Ce processus de clarification est une forme de respect pour toi-même. En étant claire sur tes attentes et tes limites, tu t'ouvriras à des relations plus saines, où les deux partenaires se respectent mutuellement et se soutiennent. Tu arrêteras de te contenter de ce qui te fait souffrir ou te dévalorise, et tu t'ouvriras à l'amour que tu mérites.

Ce tri dans tes attentes ne signifie pas que tu te fermes à la possibilité de compromis ou que tu deviens inflexible. Au contraire, il s'agit de te donner la possibilité de construire une relation équilibrée, où ton bonheur n'est pas sacrifié. Savoir ce que l'on veut, ce que l'on accepte et ce que l'on refuse est essentiel pour ne jamais se perdre dans une relation et pour être fidèle à soi-même tout en restant ouvert à l'amour véritable.

Tu es arrivée au bout de ces chapitres.
Peut-être les as-tu lus d'un trait, ou par petites touches.

Peut-être que certains t'ont bouleversée, d'autres réconfortée.
Mais une chose est sûre : tu n'es plus la même qu'au début.

Tu as mis des mots sur des douleurs.
Tu as reconnu des schémas.
Tu as senti que tu n'étais pas seule.

Et tu as compris une chose essentielle :
Ce n'est pas en devenant moins que tu seras aimée plus.

Tu as le droit d'exister pleinement.
D'aimer fort sans te trahir.
De pleurer, de poser tes limites, de dire "non",

de choisir un amour qui ne t'abîme pas.

Tu n'as plus besoin de courir après ce qui ne te choisit pas.
Tu n'as plus besoin de devenir une autre pour être gardée.

Parce que désormais, tu te choisis.
Et c'est la plus belle promesse que tu puisses te faire.

Continue d'avancer.
De t'aimer.
De t'honorer.

L'amour vrai commence toujours... par soi.

> À toutes celles qui ont aimé en s'oubliant.
À celles qui ont attendu, douté, espéré, pleuré.
À celles qui ont cru qu'elles n'étaient pas assez.

Et à celles qui, aujourd'hui, décident de se choisir.

> Ce livre est pour vous.
Pour vos cœurs trop pleins.
Pour vos silences trop lourds.
Et pour la lumière que vous portez en vous, même quand vous ne la voyez plus.

> À ma version d'hier.
Celle qui a douté, qui a espéré, qui a donné sans compter.
Celle qui a cru qu'elle devait se faire petite pour être aimée.

> À toutes celles qui lui ressemblent encore un peu.
Ce livre est pour vous.
Pour vos blessures, vos espoirs, et surtout votre force.
Que chaque page vous rappelle que vous méritez l'amour, sans vous perdre en chemin.

© 2025 Harmonie J.
Édition : BoD - Books on Demand,
31 avenue Saint-Rémy, 57600 Forbach,
bod@bod.fr
Impression : Libri Plureos GmbH,
Friedensallee 273, 22763 Hamburg
(Allemagne)
ISBN : 978-2-3225-6145-2
Dépôt légal : Avril 2025